Acerca del libro

En mi humilde opinión de las doctrinas más apasionantes y extraordinarias en la biblia se encuentra la Unicidad de Dios. Es vital para todo cristiano entenderla y vivirla, así como lo menciona la escritura.

Este libro es el resultado de algunas temáticas tratadas en la Iglesia local y sobre todo un intento de resolver las inquietudes más comunes de los amigos, simpatizantes y hermanos de la Iglesia.

Puedes ser usado para células de enseñanza, estudios devocionales, y predicación de pulpito, el objetivo principal es llevar el nombre de Cristo en alto, y dar a entender a los lectores que en nuestro Señor Jesús lo tenemos todo, ya que en Él habita corporalmente toda la plenitud de la Deidad (Colosenses 2:9).

Gracias a todos los hermanos que ayudaron en este aporte literario cristiano, incluyendo mi esposa, mis dos hijas, mi sobrino Camilo y mi hna María Isabel en el diseño, además del especial agradecimiento a mis presbíteros por toda la ayuda económica y espiritual en estos momentos de dificultad de salud familiar.

¡Dios me los bendiga hoy y siempre, espero que sea de bendición!

Tabla de contenido

Tema 1: ¿Qué es la Unicidad de Dios? 4

Tema 2: ¡Dios es Uno, la Biblia lo dice! 9

Tema 3: ¡Dios se manifestó de distintas maneras! 14

Tema 4: La Unicidad de Dios como mandamiento 18

Tema 5: Atributos de Jesús que demuestran su Divinidad (parte 1) 22

Tema 6: Atributos de Jesús que demuestran su Divinidad (parte 2) 28

Tema 7: ¿Qué es lo que representa el Nombre? 37

(parte 1) 37

Tema 8: ¿Qué es lo que representa el Nombre? 40

(parte 2) 40

Tema 9: ¡Su Nombre es Admirable! 47

Tema 10: El nombre sobre todo nombre 53

Tema 11: El significado del nombre Jesús y su identificación con la Iglesia 58

Tema 12: Algunos Plurales en la Biblia 62

Tema 13: El Único que merece la gloria 68

Tema 14: ¿Cuál es el nombre de Dios, Jesús o Jehová? 76

Tema 15: ¡Saber invocar es el secreto! 81

Tema 16: Jesús el Único Salvador 87

Tema 17: ¿Si Jesús es el Padre, porque se le llama Hijo? 93

Tema 18: ¿Si Jesús es Dios, por qué oró? 103

Tema 19: ¡Lo que la hoguera no pudo apagar! 106

Tema 20: Preguntas más comunes sobre la Trinidad 113

Base Bíblica:

(Deuteronomio 6:4) Oye, Israel: Jehová nuestro Dios, Jehová uno es.

Deuteronomio 4: 32-39 <<Leer>>

La unicidad es la doctrina bíblica que da a entender la existencia de un Dios único, e indivisible que gobierna el Universo.

Por muchos años manejamos esta doctrina con la frase "Unidad de Dios", pero esto causaba dificultad por varias razones.

Razón 1. Porque la palabra "Unidad" puede significar unidad simple o unidad compuesta (por ejemplo, el Matrimonio), no se puede aplicar terminantemente a "Único". La palabra "Unidad" también podría aplicarse a un conjunto de varios elementos, esta palabra se acomoda muy bien a la doctrina de la Trinidad.

Razón 2. La palabra "Unicidad" según el diccionario quiere decir "Calidad de Único". Para la palabra "Único" el diccionario da como sinónimo "Original, raro, extraordinario", describiéndose así la mejor forma de explicar la doctrina bíblica del DIOS UNICO.

La doctrina que Dios es UNO, en sentido numérico está claramente establecida en el Antiguo Testamento, entre los libros más sobresalientes esta Deuteronomio, donde se establecen algunas aclaraciones para que el pueblo no tuviera otros dioses.

(Deuteronomio 4:32) Porque pregunta ahora si en los tiempos pasados que han sido antes de ti, desde el día que creó Dios al hombre sobre la tierra, si desde un extremo del cielo al otro se ha hecho cosa semejante a esta gran cosa, o se haya oído otra como ella.

(Deuteronomio 4:33) ¿Ha oído pueblo alguno la voz de Dios, hablando de en medio del fuego, como tú la has oído, sin perecer?

(Deuteronomio 4:34) ¿O ha intentado Dios venir a tomar para sí una nación de en medio de otra nación, con pruebas, con señales, con milagros y con guerra, y mano poderosa y brazo extendido, y hechos aterradores como todo lo que hizo con vosotros Jehová vuestro Dios en Egipto ante tus ojos?

(Deuteronomio 4:35) A ti te fue mostrado, para que supieses que Jehová es Dios, y no hay otro fuera de él.

(Deuteronomio 4:36) Desde los cielos te hizo oír su voz, para enseñarte; y sobre la tierra te mostró su gran fuego, y has oído sus palabras de en medio del fuego.

(Deuteronomio 4:37) Y por cuanto él amó a tus padres, escogió a su descendencia después de ellos, y te sacó de Egipto con su presencia y con su gran poder,

(Deuteronomio 4:38) para echar de delante de tu presencia naciones grandes y más fuertes que tú, y para introducirte y darte su tierra por heredad, como hoy.

(Deuteronomio 4:39) Aprende pues, hoy, y reflexiona en tu corazón que Jehová es Dios arriba en el cielo y abajo en la tierra, y no hay otro.

Por otro lado, tenemos:

(Deuteronomio 6:4) Oye, Israel: Jehová nuestro Dios, Jehová uno es.

A esta clase de doctrina se le denomina MONOTEÍSTA, es decir, doctrina bíblica que cree EN UN SOLO DIOS VERDADERO.

El monoteísmo es abrazado por el JUDAÍSMO, EL ISLAMÍSMO Y EL CRISTIANISMO.

Es importante hablar de los distintos puntos de vista culturales y religiosos sobre la existencia de Dios y las creencias que rodean su identidad divina. Las teorías naturalistas acerca de Dios más comunes son: Monoteísmo, Binarianísmo, Triteísmo, Panteísmo, Politeísmo, para fines prácticos explicaremos el monoteísmo al final.

Binarianísmo. Enseña que hay dos personas en el Deidad; Dios es Padre y Dios el Hijo.

Triteísmo. Presenta a un solo Dios en tres personas distintas en la Divinidad.

Politeísmo. Afirma que existen muchos dioses y así ellos son objeto de adoración (Por ejemplo, dioses griegos o Romanos, Como los de las caricaturas de los Caballeros de Zodiaco)

Panteísmo. Creencia que afirma que Dios es todo, ya que todas las cosas son parte de Dios. Así afirma que la tierra, el sol, las estrellas, etc. Son Dios.

Monoteísmo. Del griego <<Monos>> Único y <<Theos>> Dios. Es la creencia en un solo Dios.

-Algunos creen en un Dios único, pero compuesto por tres personas (pensamiento trinitario).

-Otros en un Dios Único y Absoluto, teniendo en cuenta la postura que la Deidad no puede ser dividida en personas, como lo muestra la biblia.

Veamos dos claros ejemplos:

- Dios es inmaterial y no tiene carne ni huesos (para ser dividido)

(Lucas 24:37) Entonces, espantados y atemorizados, pensaban que veían espíritu.

(Lucas 24:38) Pero él les dijo: ¿Por qué estáis turbados, y vienen a vuestro corazón estos pensamientos?

(Lucas 24:39) Mirad mis manos y mis pies, que yo mismo soy; palpad, y ved; porque un espíritu no tiene carne ni huesos, como veis que yo tengo.

- Dios es Espíritu (Y un Espíritu no puede ser dividido)

(Juan 4:24) Dios es Espíritu; y los que le adoran, en espíritu y en verdad es necesario que adoren.

Conclusión

La Doctrina de la Unicidad de Dios enseña que existe un solo Dios único e indivisible, que no puede ser igualado y mucho menos superado en poder y gloria. La Biblia revela a un Dios único, a esta clase de religión se les denomina monoteísta, como lo dijo Moisés en Deuteronomio 6:4 <<Oye, Israel: Jehová nuestro Dios, Jehová uno es>>.

Canción Recomendada: Jesús es Dios, Autor: Aquerles Ascanio
Puedes escucharlo en:
https://m.youtube.com/watch?v=n_PdT72U360

Letra:

Hay mucha gente que claudica en un dilema
Eso produce mucha tristeza y dolor
Es lamentable que alguien siga en pos de un líder
Y tenga dudas de su identificación
Al no creer que Dios se llame Jesucristo
Y que ese Dios en carne se manifestó
Al no entender que sea el padre y sea el hijo
Y que es el mismo espíritu consolador.

Pero hay un pueblo redimido con su sangre
Que como líder tiene a Cristo el salvador
Y aunque no somos muchos sabios, muchos nobles
Sabemos y entendemos que Jesús es Dios
Si alguien dialoga con cualquiera entre nosotros
Del evangelio quiere alguna explicación
Y si el cristiano no conoce muchas letras
Puede explicarte cual es el Nombre de Dios
Y si el cristiano no conoce muchas letras
Puede explicarte cómo es que se llama Dios.

San Juan nos dice que en el principio era el verbo
También nos dice que ese verbo era Dios
Y que ese verbo fue manifestado en carne
Estando en carne entre nosotros habitó
Y en forma de hombre se manifestó a su pueblo
Sabemos que su pueblo no le recibió
Más para aquellos que creemos en su Nombre
Nos concedió ser hechos los hijos de Dios.

Base Bíblica:

(Deuteronomio 4:35) A ti te fue mostrado, para que supieses que Jehová es Dios, y no hay otro fuera de él.

La unicidad es la doctrina bíblica que enseña la existencia de un solo Dios indivisible y único.

¿Cuáles textos demuestran que Dios es uno? En realidad, son muchos, por ejemplo:

(Deuteronomio 4:35) A ti te fue mostrado, para que supieses que Jehová es Dios, y no hay otro fuera de él.

También lo menciona Isaías:

(Isaías 43:10) Vosotros sois mis testigos, dice Jehová, y mi siervo que yo escogí, para que me conozcáis y creáis, y entendáis que yo mismo soy; antes de mí no fue formado dios, ni lo será después de mí.

También puedes leer en casa todos los siguientes textos, y encontraras como se revela a un Dios único, sin igual e indivisible.

- Deuteronomio 6:4
- Deuteronomio 32:39
- 2 Samuel 7:22; 22:32
- I Reyes 8:23
- Isaías 44:6; 43:10; 45:10; 45:18; 45:40; 46:6
- Malaquías 2:10
- Mateo 19:17
- Marcos 10:18; 12:32
- Lucas 18:19

- 1 Corintios 8:4; 8:6
- Gálatas 3:16: 3:20
- 1 Timoteo 1:17
- Apocalipsis 1:11; 1:17; 4:2

¿Si Dios es uno, cuantos hay en el trono de Dios? ¿uno, dos o tres?

La respuesta a esta pregunta está en la Biblia, en el libro de Apocalipsis:

(Apocalipsis 4:2) Y al instante yo estaba en el Espíritu; y he aquí, un trono establecido en el cielo, y en el trono, uno sentado.

Conociendo que solo hay un trono, nos faltaría saber ¿Quién está en ese trono Único?

La respuesta a esta pregunta también la encontramos en la Biblia, en el libro de los Hechos.

(Hechos 7:55) Pero Esteban, lleno del Espíritu Santo, puestos los ojos en el cielo, vio la gloria de Dios, y a Jesús que estaba a la diestra de Dios,

(Hechos 7:56) y dijo: He aquí, veo los cielos abiertos, y al Hijo del Hombre que está a la diestra de Dios.

Esteban vio a Cristo a la diestra (derecha) de Dios, pero hay que entender que Dios es Espíritu y no tiene derecha ni izquierda, como lo mencionamos en el tema pasado.

- Un espíritu no tiene carne ni hueso (Lucas 24:39)
- Dios es Espíritu (Juan 4:24)

Pero entonces que significa "diestra de Dios". En el lenguaje figurado Bíblico "Diestra" significa "Lugar de poder", este término lo encontramos en muchas partes de la Biblia, por ejemplo:

Diestra de la potencia de Dios

(Marcos 14:62) Y Jesús le dijo: Yo soy; y veréis al Hijo del Hombre sentado a la diestra del poder de Dios, y viniendo en las nubes del cielo.

Tu diestra ha sido magnificada en poder

(Éxodo 15:6) Tu diestra, oh Jehová, ha sido magnificada en poder; Tu diestra, oh Jehová, ha quebrantado al enemigo.

(Éxodo 15:12) Extendiste tu diestra; La tierra los tragó.

La diestra de la Majestad en las Alturas

(Hebreos 1:3) el cual, siendo el resplandor de su gloria, y la imagen misma de su sustancia, y quien sustenta todas las cosas con la palabra de su poder, habiendo efectuado la purificación de nuestros pecados por medio de sí mismo, se sentó a la diestra de la Majestad en las alturas.

- ¿Entonces qué fue lo que vio Esteban cuando vio a Cristo a la diestra de Dios?

La respuesta más clara es que Esteban vio a Cristo con el poder de Dios. Por eso mismo lo invoco (llamó).

(Hechos 7:59) Y apedreaban a Esteban, mientras él invocaba y decía: Señor Jesús, recibe mi espíritu.

(Hechos 7:60) Y puesto de rodillas, clamó a gran voz: Señor, no les tomes en cuenta este pecado. Y habiendo dicho esto, durmió.

Recordemos también que el mismo Jesús lo afirmo:

(Mateo 28:18) Y Jesús se acercó y les habló diciendo: Toda potestad me es dada en el cielo y en la tierra.

¡Entonces en el trono de Dios hay uno solo sentado, y es Jesús!

Canción Recomendada: Es Jesús, Autor: Aquerles Ascanio
Puedes escucharlo en:
https://m.youtube.com/watch?v=9fdFB4pAGrI

Letra:
A Jesús al que nosotros predicamos
No es un Cristo colgado en la pared
Ni tampoco se lleva en el pecho
En una cruz como suele suceder
Jesucristo a los muertos les da vida
Jesucristo a los cojos hace andar
A los ciegos también les da la vista
Jesucristo a los mudos hace hablar.
//Es Jesús (es Jesús), es Jesús (es Jesús)
Es el Nombre que tiene poder //
//Es Jesús (es Jesús) es Jesús (es Jesús) Es el nombre que tiene poder//
//Jesucristo es el Dios eterno
Querido amigo entrégate a él.//
Jesucristo es el Dios eterno querido amigo entrégate a el

Cuando Jesús en el pesebre estaba
Aun a los reyes los hizo temblar
Para matarle Herodes le buscaba
Pues no quería que el fuera a gobernar
Jesucristo es él rey de reyes
Él es quien tiene toda potestad
Él es dueño de los cielos y la tierra
Es Jesucristo el príncipe de paz.
//Él es Dios, él es rey
Es Jesucristo el verdadero Dios //
El es Dios el es rey //es Jesucristo el verdadero Dios
//Jesucristo fue a la cruz del calvario
Y dio su vida para darnos salvación.// Jesucristo fue la cruz del
Calvario y dio su vida para darnos salvación
//es Jesús (es Jesús), es Jesús (es Jesús)
Es el nombre que tiene poder //es Jesús (es Jesús), es Jesús (es Jesús)
Es el nombre que tiene poder
Jesucristo es el Dios eterno querido amigo Entrégate a él
Jesucristo es el Dios eterno querido amigo entrega de a él

Tema 3: ¡Dios se manifestó de distintas maneras!

Base Bíblica:

(Hebreos 1:1) Dios, habiendo hablado muchas veces y de muchas maneras en otro tiempo a los padres por los profetas,

(Hebreos 1:2) en estos postreros días nos ha hablado por el Hijo, a quien constituyó heredero de todo, y por quien asimismo hizo el universo.

En la Biblia se puede apreciar claramente a un Dios hablando desde el principio de los tiempos, muchas veces y de muchas maneras, por ejemplo, Dios hablo para crear las cosas que existen e incluso hablo cuando quería dar alguna orden:

- Y dijo Dios, hágase la luz (Génesis 1:3)
- Haya expansión (Génesis 1:6)
- Júntense las aguas (Génesis 1:9)
- No comas del árbol de la ciencia del bien y del mal (Génesis 2:16-17)

Podemos darnos cuenta que detrás de cada palabra de Dios, había una bendición para el hombre ¿a quién no le es útil la luz, los cielos o las aguas?, e incluso la orden de no comer del fruto prohibido también era para el bien del mismo hombre, me atrevería a decir que ¡cada vez que Dios hablaba era para bendecir al hombre!

En la misma escritura se observa a un Dios que se ha manifestado de muchas maneras, o de muchas formas extraordinarias, veamos algunos ejemplos:

- Apareció Jehová a Abraham (Génesis 12-22)
- Se le apareció a Moisés (Éxodo 3:1-6)
- Se manifestó en una nube y columna de fuego (Éxodo 19:1-20; Éxodo 20:18-26)
- Se manifestó en el tabernáculo (Levítico 1:1)
- Se le apareció a Salomón (1 Reyes 3:5)
- Tuvo algunas teofanías (Génesis 16:13; 32:30; 18:22; Jueces 6:22)

En fin, Dios se ha manifestado a largo de historia de muchas maneras, cuando Dios quiere hacer algo, lo hace y nadie se lo puede impedir. Eso mismo menciona es escritor de Hebreos. Y la manifestación más grande de Dios fue Jesús, manifestándose en Carne.

(Hebreos 1:1) Dios, habiendo hablado muchas veces y de muchas maneras en otro tiempo a los padres por los profetas,

(Hebreos 1:2) en estos postreros días nos ha hablado por el Hijo, a quien constituyó heredero de todo, y por quien asimismo hizo el universo.

Me gustaría organizar algunas expresiones que rodean mi mente cuando pienso en estos versículos:

- Dios se manifestó de muchas maneras
- Y hablo de muchas maneras
- Ahora nos habla por el Hijo
- Dios cambio la forma de hablar, y nos habló cara a cara
- Vivió con el hombre
- Anduvo con el hombre
- Se acercó más al hombre

- Sano al hombre directamente
- Le dio la mano al hombre directamente
- Misteriosamente se hizo humano, ¡el Dios que es Espíritu se hizo Humano!
- Y el niño nacido, era el mismo creador (…y por quien asimismo hizo el universo, Hebreos 1:2)
- No nos acercamos a Él, Él se acercó a nosotros.
- La vida se nos manifestó (1 Juan 1:1-2)

Conclusión

El hombre nunca ha recibido de parte de Dios indiferencia y mucho menos silencio, Él siempre ha hablado al hombre de múltiples formas, pero la manifestación más grande de Dios hacia la humanidad se realizó a través de Jesucristo, esa manifestación era el mismo Dios Creador, solo que hecho carne o más bien hecho hombre (Hebreos 1:1-2), gracias a Dios por la grande intención de no dejarnos solos, y de comunicarse con nosotros con el objetivo principal de bendecirnos.

Canción Recomendada: Indiscutiblemente, Autor: Aquerles Ascanio

Puedes escucharlo en:

https://m.youtube.com/watch?v=RMcq_KVUGRg

Letra:

Yo no puedo dejar de cantarle

A mi Dios quien me vino a salvar,
Yo no puedo dejar de cantarle
Y su nombre yo quiero anunciar.
Nombre admirable, nombre incomparable
Que potestades se tienen que doblegar
Es el nombre poderoso de Jesús
Que mis pecados pudieron perdonar.

No es que yo quiera entrar en discusión con alguien
Es que yo tengo que predicar la verdad,
Que el Dios del cielo fue manifestado en carne
Y que en el trono hay uno nada más.
En ninguna parte de la Biblia
Nos habla de una supuesta trinidad,
Ese ha sido un invento del enemigo
Para querer engañar a la humanidad.
Desde el génesis hasta el Apocalipsis
La Biblia muestra uno nada más,
Yo lo creo y lo sigo predicando
Jesús es Dios y fuera de él no hay más.

El Señor le dijo a Israel Jehová uno es
Le amarás con todo tu corazón el primer mandamiento es
Isaías vio a uno en el trono
A Juan el biólogo lo mismo le sucedió,
Y le dijo soy el primero y el último
El que de entre los muertos resucitó.

Tema 4: La Unicidad de Dios como mandamiento

Base Bíblica:

(Marcos 12:29) Jesús le respondió: El primer mandamiento de todos es: Oye, Israel; el Señor nuestro Dios, el Señor uno es.

(Marcos 12:30) Y amarás al Señor tu Dios con todo tu corazón, y con toda tu alma, y con toda tu mente y con todas tus fuerzas. Este es el principal mandamiento.

¿Cuál es el primer mandamiento de todos?, esto fue lo que le pregunto Jesús a un escriba según el evangelio de Marcos capítulo 12.

(Marcos 12:29) Jesús le respondió: El primer mandamiento de todos es: Oye, Israel; el Señor nuestro Dios, el Señor uno es.

(Marcos 12:30) Y amarás al Señor tu Dios con todo tu corazón, y con toda tu alma, y con toda tu mente y con todas tus fuerzas. Este es el principal mandamiento.

La respuesta es clara: << El primer mandamiento de todos es: Oye, Israel; el Señor nuestro Dios, el Señor uno es >>

El Señor es Uno, Jesús enfatiza en la Unicidad de Dios.

Es interesante saber que esta respuesta no se la dieron a cualquier persona, se le respondió a un escriba. Los escribas eran:

- Fariseos (Hechos 23:9)
- Doctores de la Ley (Mateo 22)
- Peritos en las sagradas escrituras (Mateo2:4; 17:10; Marcos 12:35)
- Orgullosos y peritos en Moisés (Marcos 12:39; Mateo 23:2)

Es decir, se estaba hablando con alguien que conocía del tema, y ese día Jesús le respondía con contundencia y autoridad "Dios es uno".

El primer mandamiento es además la clave que facilita la obediencia al resto de ellos. Automáticamente se puede servir al Dios único con todo el corazón, alma, mente y fuerzas porque nuestra adoración se encauza hacia una sola dirección "al Dios único".

Y ese día el doctor de la Ley evaluó la respuesta de Jesús, calificándola instantáneamente.

(Marcos 12:32) Entonces el escriba le dijo: Bien, Maestro, verdad has dicho, que uno es Dios, y no hay otro fuera de él.

(Marcos 12:33) y el amarle con todo el corazón, con todo el entendimiento, con toda el alma, y con todas las fuerzas, y amar al prójimo como a uno mismo, es más que todos los holocaustos y sacrificios.

Podemos entonces analizar que, para poder amarle con todo, primero tenemos que saber que DIOS ES UNO, Y NO HAY OTRO FUERA DE ÉL.

Todo esto paso en la época de Jesús, hace más de 2000 años. Según los libros de Historia la doctrina de la Trinidad fue desarrollada en el año 372 aproximadamente por la Iglesia Católica en concilios imponentes como el concilio de Nicea (asunto que trataremos profundamente más adelante), pero antes de esa gran equivocación Jesús había dicho:

<<Dios es uno, y no hay otro fuera de él>>

Los más importante es que Jesús al ver la aprobación de este escriba, lo felicita y le da una muy buena noticia sobre su futuro en el Señor.

(Marcos 12:34) Jesús entonces, viendo que había respondido sabiamente, le dijo: No estás lejos del reino de Dios. Y ya ninguno osaba preguntarle.

¡No estas lejos del Reino de Dios!, es decir, esta enseñanza y afirmación te lleva cerca del Reino de los cielos, por esa razón la Unicidad de Dios es trascendental para poder llegar al Reino de Dios.

¿Te gustaría llegar al cielo?, primero debes saber que Dios es uno y no hay otro fuera de Él.

En el evangelio según Lucas, encontramos un pasaje donde se relata la historia de la Viuda de Naín y el milagro que ese día sucedió (Lucas 7:11-16). Ese día ocurrió algo extraordinario "Jesús resucito un niño" y tal fue el impacto que la gente comenzó a glorificar a Dios y a declarar a viva voz algo que nos interesa en este tema de la Unicidad de Dios. ¡Dios ha visitado a su pueblo!

(Lucas 7:16) Y todos tuvieron miedo, y glorificaban a Dios, diciendo: Un gran profeta se ha levantado entre nosotros; y: Dios ha visitado a su pueblo.

Y efectivamente eso fue lo que sucedió: ¡Dios no visito! Dios estaba en Cristo (2 Corintios 5:19).

Conclusión

Es importante entender que la unicidad de Dios es el primer mandamiento que Dios le ordeno a su pueblo, y la obediencia a ese mandamiento nos acerca al reino de los cielos. Dios nos visitó encarnado en Cristo, y nos revelo su nombre por su infinita gracia y misericordia.

Video Recomendado: Unicitarios en siglo II
Puedes verlo en: https://m.youtube.com/watch?v=lNg6W34x09k
Además en:
https://m.youtube.com/watch?v=3pvl40ZeLt8&t=288s

Tema 5: Atributos de Jesús que demuestran su Divinidad (parte 1)

"Creador, Preexistente y Perdonador de pecados"

Base Bíblica:

(Juan 1:1) En el principio era el Verbo, y el Verbo era con Dios, y el Verbo era Dios.

(Juan 1:2) Este era en el principio con Dios.

(Juan 1:3) Todas las cosas por él fueron hechas, y sin él nada de lo que ha sido hecho, fue hecho.

Es conveniente hablar y en primera instancia definir que es un atributo. Un atributo es cada una de las propiedades o características de un ser. En la Biblia encontramos muchos atributos de Jesús que solamente poseía Jehová en el Antiguo testamento. En esta ocasión analizaremos brevemente tres atributos muy particulares y llamativos de Jesús, Creador, Preexistente y Perdonador de pecados.

Observemos algunas citas bíblicas que afirman que Jesús es Creador, Preexistente y Perdonador de pecados.

1) Jesús es el Creador del Universo

Todas las cosas por Él fueron hechas:

(Juan 1:1) En el principio era el Verbo, y el Verbo era con Dios, y el Verbo era Dios.

(Juan 1:2) Este era en el principio con Dios.

(Juan 1:3) Todas las cosas por él fueron hechas, y sin él nada de lo que ha sido hecho, fue hecho.

El mundo por Él fue hecho:

(Juan 1:10) En el mundo estaba, y el mundo por él fue hecho; pero el mundo no le conoció.

En Él fueron creadas todas las cosas:

(Colosenses 1:16) Porque en él fueron creadas todas las cosas, las que hay en los cielos y las que hay en la tierra, visibles e invisibles; sean tronos, sean dominios, sean principados, sean potestades; todo fue creado por medio de él y para él.

2) Jesús es Preexistente (Existe antes de todas las cosas)

(Juan 1:1) En el principio era el Verbo, y el Verbo era con Dios, y el Verbo era Dios.

La palabra "Verbo" viene del griego LOGOS, que significa: Palabra, Plan o Pensamiento. Me es por costumbre reemplazar la palabra VERBO por la palabra PLAN, para fines didácticos, entonces Juan 1:1 se escribiría de la siguiente manera:

...En el principio era el PLAN, y el PLAN era con Dios, y el PLAN era Dios.

Es decir, al comienzo de todo ¿Quién estaba? Solo existía Dios y el PLAN.

¿Y dónde estaba ese plan? Si creemos que el PLAN ESTABA AL LADO DE DIOS, no seriamos Unicitarios, seriamos Dualistas.

Por esa razón debemos afirmar que: EL PLAN NO ESTABA AL LADO DE DIOS, ESTABA EN LA MENTE DE DIOS "ESTABA EN DIOS", por eso dice:

...PLAN era con Dios, y el PLAN era Dios.

Hay que tener cuidado con este versículo, sobre todo en la versión de los Testigos de Jehová, donde se encuentra completamente modificado, precisamente para negar quien es ese Verbo, o quién es ese PLAN. Ojalá podamos entender que ese PLAN ERA EL MISMO DIOS.

¿Qué paso con ese Plan? ¿En qué quedo?

Ese PLAN, se hizo realidad, es decir, paso del Plano a la Realidad, de la Teoría a la Practica (...Fue hecho carne).

(Juan 1:14) Y aquel Verbo fue hecho carne, y habitó entre nosotros (y vimos su gloria, gloria como del unigénito del Padre), lleno de gracia y de verdad.

...El Verbo (Plan), se Hizo carne, se hizo Humano, o mejor dicho DIOS SE HIZO HUMANO.

Por esa razón el mismo Jesús dijo: Antes que Abraham fuese, yo soy (Juan 8:58).

(Juan 8:58) Jesús les dijo: De cierto, de cierto os digo: Antes que Abraham fuese, yo soy.

¿Por qué Jesús dijo eso? Porque Jesús existía antes que Abraham (Como un Plan, en la mente de Dios).

3) Jesús es el Único que perdona pecados

Esta parte es muy importante, ya que los Judíos solo conocían a un Dios que perdonaba pecados (Jehová), así lo dice el profeta Isaías.

(Isaías 1:18) Venid luego, dice Jehová, y estemos a cuenta: si vuestros pecados fueren como la grana, como la nieve serán emblanquecidos; si fueren rojos como el carmesí, vendrán a ser como blanca lana.

Sin embargo, en el Nuevo Testamento encontramos a Jesús haciendo funciones que solo le eran atribuidas al Dios del Antiguo Testamento, entre esas "perdonador de pecados" por ejemplo:

(Marcos 2:5) Al ver Jesús la fe de ellos, dijo al paralítico: Hijo, tus pecados te son perdonados.

Y la gente se extraña al escuchar esto de la boca de Jesús, ya que solo Dios perdona pecados.

(Marcos 2:7) ¿Por qué habla éste así? Blasfemias dice. ¿Quién puede perdonar pecados, sino sólo Dios?

¿Y qué podemos concluir entonces? Si en el Antiguo Testamento solo Jehová Perdona pecados y en el Nuevo Testamento solo Jesús perdona pecados, entonces Jesús es el Jehová del Antiguo Testamento.

Jesús perdona pecados, ¡Jesús es Dios! La Biblia lo afirma:

(1 Juan 1:9) Si confesamos nuestros pecados, él es fiel y justo para perdonar nuestros pecados, y limpiarnos de toda maldad.

Conclusión

Dios tiene atributos exclusivos, nadie se le puede igual en magnificencia y poder, sin embargo, leyendo la Biblia encontramos a Jesús igualando en atributos al Jehová del Antiguo Testamento, la explicación más clara de todos estos atributos en Jesús es a través de la Unicidad de Dios, Jesús es Dios encarnado, ¡Dios estaba en Cristo!

Canción Recomendada: La Gloriosa Verdad, Autor: Los Redimidos de Jesucristo

Puedes escucharlo en:
https://m.youtube.com/watch?v=mofzFCqKT-M

Letra:

I

Jesucristo es soberano Dios y creador
Él es quien sustenta todo con su poder
Él es primero y el ultimo y es también
Él que estuvo Moisés, Noé y Jacob
En Él no hay mudanza ni sombra de variación
Él es la esencia de la vida y por el mismo existe
Es el mismo de Isaías 45:15, primera de Timoteo 3:16 lo dice
Que aquel mismo que se encubre fue quien se encarno
En Oseas 13:4 vuelve y nos insiste, es que otro salvador y otro Dios no existe, Jesucristo es el que salva, Jesucristo es Dios.

Coro

//La Iglesia proclama hoy esa gloriosa verdad//
Que Jesucristo es Jehová, es el mismo gran Yo soy

Que Jesucristo es Jehová, es el mismo ayer y hoy

II

Sin este conocimiento no hay salvación
Lo dice Juan 17 allá en el verso 3
Y Él le dice claramente al pueblo de Israel
Morirás en tu pecado si no creer que Yo soy
Más en el nombre de Cristo te invito hoy
A que escuches la palabra muy atentamente.
Porque esto antorcha que en oscuro resplandece
Es la que llena tu vida y ordena tu mente
Y te da el conocimiento para salvación
Te aconsejo amigo mío que tengas presente
Que si crees en Jesucristo como Él lo establece
Bautizándote en su nombre tendrás el perdón

Tema 6: Atributos de Jesús que demuestran su Divinidad (parte 2)

"Omnipotente, Omnisciente y Omnipresente"

Base Bíblica:

(Juan 14:14) Si algo pidiereis en mi nombre, yo lo haré.

En el tema anterior se mencionó que un atributo es cada una de las propiedades o características de un ser. También se hizo hincapié en que Jehová del Antiguo Testamento tiene unos atributos únicos, que no pueden ser igualados y mucho menos imitados. Sin embargo, Jesús también tiene esos atributos o características únicas de Dios, en esta ocasión analizaremos brevemente otros tres atributos muy particulares y llamativos de Jesús, como son: Omnipotente, Omnisciente, Omnipresente.

1) Jesús es Omnipotente

De los cuatro evangelios el que más explica a Jesús como Dios es el evangelio según Juan, en él podemos analizar una de las tantas afirmaciones de Cristo que enfatizan en su omnipotencia. Podemos leer en Juan 14:4-14 y nos daremos cuenta de varias afirmaciones de poder que menciona nuestro Señor.

- Primera afirmación Verso 6:

(Juan 14:6) Jesús le dijo: Yo soy el camino, y la verdad, y la vida; nadie viene al Padre, sino por mí.

Obsérvese que no dice "nadie va" como dicen algunos de creyentes de denominaciones trinitarias, sino que dice "Nadie viene" haciendo alusión que la fuente del poder era Él mismo y no otro.

- Segunda afirmación Verso 9:

(Juan 14:9) Jesús le dijo: ¿Tanto tiempo hace que estoy con vosotros, y no me has conocido, Felipe? El que me ha visto a mí, ha visto al Padre; ¿cómo, pues, dices tú: Muéstranos el Padre?

En este verso Jesús mismo afirma que Él es el Padre, el creador de todas las cosas, es decir, Él tiene el poder para Crear las cosas de la nada.

- Tercera afirmación Verso 10:

(Juan 14:10) ¿No crees que yo soy en el Padre, y el Padre en mí? Las palabras que yo os hablo, no las hablo por mi propia cuenta, sino que el Padre que mora en mí, él hace las obras.

Nuevamente Jesús reitera, que, aunque sea un humano (cuerpo de carne), en Él hay algo sobrenatural, y además las palabras que Él hablaba no las hablaba de su propia cuenta, sino que el Padre (Creador) era quien hacia las obras.

- Cuarta afirmación Verso 14:

(Juan 14:14) Si algo pidiereis en mi nombre, yo lo haré.

Y finalmente después de mencionar en reiteradas ocasiones que Él era el Padre (Todopoderoso) les da la bendición especial y la promesa de resolver todas las dificultades tan solo pidiendo lo que necesiten en su nombre. "Si algo pidiereis en mi nombre, yo lo haré".

¿Quién más podría resolver todas nuestras dificultades y resolver todos nuestros problemas sino el TODOPODEROSO?

Esto lo menciono Jesús, afirmando su poderío sobre todas las cosas. Que Jesús es el TODOPODEROSO, lo menciona también Apocalipsis 1:8.

(Apocalipsis 1:8) Yo soy el Alfa y la Omega, principio y fin, dice el Señor, el que es y que era y que ha de venir, el Todopoderoso.

Entre otras cosas el anterior versículo habla del Alfa (α) y la Omega (Ω), letras griegas de que corresponden a lo que nosotros conocemos como las letras A y Z, la primera y la ultima de nuestro del alfabeto castellano. Esto hace referencia a que Jesús es el principio de todo y también el final de todo, hecho que ya habíamos mencionado con anterioridad al mencionar que Jesús era Preexistente (existía antes que todas las cosas) por eso es el Alfa y además es eterno, por eso es la Omega. Estas características solamente las tenía Jehová en el antiguo testamento, por lo menos así lo menciona Isaías 44:6.

(Isaías 44:6) Así dice Jehová Rey de Israel, y su Redentor, Jehová de los ejércitos: Yo soy el primero, y yo soy el postrero, y fuera de mí no hay Dios.

Solo Jehová era el primero (Alfa) y solo Él era el postrero (Omega) y además fuera Él no había otro Dios que pudiera tener estas características, del Único que se menciona como el Alfa y la Omega es de Jesús y la Única explicación es que Jesús es Dios.

2) Jesús es Omnisciente (Todo lo sabe)

En esta parte encontramos múltiples evidencias bíblicas que demuestras que Jesús lo sabe todo y nada le es oculto, por ejemplo, en Juan 2:23-25.

(Juan 2:23) Estando en Jerusalén en la fiesta de la pascua, muchos creyeron en su nombre, viendo las señales que hacía.

(Juan 2:24) Pero Jesús mismo no se fiaba de ellos, porque conocía a todos,

(Juan 2:25) y no tenía necesidad de que nadie le diese testimonio del hombre, pues él sabía lo que había en el hombre.

Por ese mismo motivo no debemos afanarnos cuando los problemas son muy difíciles de resolver, como si no hubiera solución o como si nadie supiera como resolverlos, pero ¡No te preocupes, Jesús lo sabe todo y sabe cómo resolverlo todo!

Otro versículo que declara que Jesús lo sabe todo lo encontramos en Apocalipsis 2:18-23, donde se le da un mensaje al Ángel de la Iglesia de Tiatira.

(Apocalipsis 2:18) Y escribe al ángel de la iglesia en Tiatira: El Hijo de Dios, el que tiene ojos como llama de fuego, y pies semejantes al bronce bruñido, dice esto:

(Apocalipsis 2:19) Yo conozco tus obras, y amor, y fe, y servicio, y tu paciencia, y que tus obras postreras son más que las primeras.

(Apocalipsis 2:20) Pero tengo unas pocas cosas contra ti: que toleras que esa mujer Jezabel, que se dice profetisa, enseñe y seduzca a mis siervos a fornicar y a comer cosas sacrificadas a los ídolos.

(Apocalipsis 2:21) Y le he dado tiempo para que se arrepienta, pero no quiere arrepentirse de su fornicación.

(Apocalipsis 2:22) He aquí, yo la arrojo en cama, y en gran tribulación a los que con ella adulteran, si no se arrepienten de las obras de ella.

(Apocalipsis 2:23) Y a sus hijos heriré de muerte, y todas las iglesias sabrán que yo soy el que escudriña la mente y el corazón; y os daré a cada uno según vuestras obras.

En este caso se da claridad sobre un asunto espiritual y el mal comportamiento de este líder, tal vez muchos vivirán su vida pensando que podemos pecar y nadie lo va a saber, pero a los "ojos de fuego" nadie se le va a ocultar, Dios lo sabe todo y también lo juzga todo a su tiempo, nada hay escondido delante de sus ojos. Nuestros pensamientos mas íntimos, lo que nuestros líderes no saben, lo que nuestra esposa no sabe, lo que se oculta de la vista de todo, ÉL TODO LO SABE, por eso es importante ser trasparente delante de Él y no aparentar delante del Dios que me ve.

Jesús conoce aún cuantos cabellos hay en nuestra cabeza (Mateo 10:30), y nos puede llamar por nuestro nombre personal sin que nosotros no lo conozcamos a Él, sino pregúntele a Felipe el día que Jesús lo sorprendió (Juan 1:43-51) o a la mujer samaritana el día que Jesús piso en evidencia sus pecados pasados, Juan 4:18.

(Juan 4:18) porque cinco maridos has tenido, y el que ahora tienes no es tu marido; esto has dicho con verdad.

¡Jesús lo conoce todo!

3) Jesús es Omnipresente (Esta en todas partes)

Uno de los versículos que más se utilizan para mencionar la Omnipresencia de Jesús es Juan 3:13.

(Juan 3:13) Nadie subió al cielo, sino el que descendió del cielo; el Hijo del Hombre, que está en el cielo.

Según el comentario Bíblico Matthew Henry referente a este versículo se menciona lo siguiente:

"El discurso de Cristo sobre las verdades del evangelio, versículos 11-13, muestra la necedad de aquellos que hacen que estas cosas sean extrañas para ellos; y nos recomienda que las investiguemos. Jesucristo es capaz en toda forma de revelarnos la voluntad de Dios; porque descendió del cielo, y aún está en el cielo. Aquí tenemos una nota de las dos naturalezas distintas de Cristo en una persona, de modo que es el Hijo del Hombre, aunque está en el cielo. Dios es "EL QUE ES" y el cielo es la habitación de su santidad. Este conocimiento debe venir de lo alto y solo puede ser recibido por fe"

Con lo anterior afirmamos que Cristo en su ministerio estaba en la Tierra y también en el cielo, por la simple explicación que Él está en todos lados "Es Omnipresente".

Por esta misma razón hay que poner muy bien la lupa en esta sección. Cuando mencionamos que Jesucristo es Dios y que está en cielo y en la tierra no podemos mal entender lo que sucedió el día que Cristo murió por nosotros en el calvario. ¿Dios murió por nosotros?, NO, Murió su manifestación en Carne (Cristo), eso lo menciona Romanos 5:8.

(Romanos 5:8) Mas Dios muestra su amor para con nosotros, en que, siendo aún pecadores, Cristo murió por nosotros.

Entonces no fue Dios el que murió, fue Cristo (la manifestación de Dios en carne), esto lo menciono porque el día que Cristo murió en la cruz el universo entero NO SE QUEDO SIN DIOS, ya que Dios estaba en Cristo (2 Corintios 5:19) y también estaba en el cielo. ¿Cómo sabemos que el Dios creador del cielo no murió? La respuesta más lógica la muestra la Biblia, ya que luego que Cristo muere el mismo Dios creador resucita el cuerpo de Cristo, por lo menos eso lo dice Hechos 4:10.

(Hechos 4:10) sea notorio a todos vosotros, y a todo el pueblo de Israel, que en el nombre de Jesucristo de Nazaret, a quien vosotros crucificasteis y a quien Dios resucitó de los muertos, por él este hombre está en vuestra presencia sano.

Entonces lo más lógico es pensar que cuando Cristo murió en la cruz, murió su parte Humana, pero la parte Divina de Cristo, la que nadie puede matar se mantuvo controlando el equilibrio del universo, esa misma parte divina fue la encargada de resucitar el cuerpo de Cristo.

Y referente a este asunto el mismo Cristo había mencionado que nadie lo podía matar, y esta afirmación escandalizo a muchos hasta el punto en que decían que tenía demonio, ya que Él mismo se estaba haciendo inmortal, y el único ser inmortal que conocía el pueblo judío era Jehová el Señor.

(Juan 10:17) Por eso me ama el Padre, porque yo pongo mi vida, para volverla a tomar.

(Juan 10:18) Nadie me la quita, sino que yo de mí mismo la pongo. Tengo poder para ponerla, y tengo poder para volverla a tomar. Este mandamiento recibí de mi Padre.

(Juan 10:19) Volvió a haber disensión entre los judíos por estas palabras.

(Juan 10:20) Muchos de ellos decían: Demonio tiene, y está fuera de sí; ¿por qué le oís?

En realidad, el pueblo no entendía por qué Cristo hablaba de esta manera, pero en realidad desconocían que Cristo era el mismo Dios omnipotente, Omnisciente y Omnipresente manifestado en Carne.

Conclusión

Sin lugar a dudas Jesús muestra en la biblia unas cualidades únicas que solo Jehová del Antiguo Testamento tenía, entre esas cualidades sobresalen su omnipotencia (todopoderoso), omnisciencia (todo lo sabe) y omnipresencia (está en todo lugar), cada vez más le damos la gloria a Dios por haberse manifestado a nosotros de esta manera tan especial, gracias a Dios por esconder esto de los sabios y entendidos y revelárselo a los niños (Lucas 10:21).

Canción Recomendada: Pobre señor, Autor: Luis Vallejo.
Puedes escucharlo en:
https://m.youtube.com/watch?v=ulBrnYT3Tsg

Letra:

I

A mí me dicen pobrecito en las calles, deben de tener cuidado con ese pobre señor.

Es evangélico de los pentecostales, de lo pobre que es ese hombre solo tiene un solo Dios.

Coro

Pues se equivocan los que piensan dilatarme, la biblia dice que tan solo hay un Dios, y no es de Yeso ni tampoco de metales, es el Dios vivo y también el gran Yo Soy.

Es que no he podido concebir en mi mente, es aceptar que allá en el trono haya dos, otros ya dicen que son tres los que dirigen ¿ay pobre gente como harán con tanto dios?

II

De que le se sirven a este mundo tantos dioses, si todos ellos son muertos, solo brindan confusión, yo solamente con uno que tengo basta, es Jesús el Rey de reyes, dueño de la creación.

Tema 7: ¿Qué es lo que representa el Nombre?

(parte 1)

Base Bíblica:

(Deuteronomio 12:5) sino que el lugar que Jehová vuestro Dios escogiere de entre todas vuestras tribus, para poner allí su nombre para su habitación, ése buscaréis, y allá iréis.

(Deuteronomio 12:11) Y al lugar que Jehová vuestro Dios escogiere para poner en él su nombre, allí llevaréis todas las cosas que yo os mando: vuestros holocaustos, vuestros sacrificios, vuestros diezmos, las ofrendas elevadas de vuestras manos, y todo lo escogido de los votos que hubiereis prometido a Jehová.

En el pensamiento oriental, el nombre jamás se consideraba como un mero vocablo; sino como la definición de la naturaleza de la persona o cosa designada. Conocer el Nombre de nuestro Dios es entender quién es Él, saber que representa, poder usarlo con autoridad y sentirnos más seguros de ¡A quien hemos creído!

Deuteronomio 12:5, dice que en cualquier lugar hay bendición, siempre que allí esté SU NOMBRE (Dios escoge un lugar, para poner allí su nombre).

- Tu casa puede ser un lugar de bendición, siempre y cuando se invoque ese nombre
- El culto de barrio es de bendición, porque se invoca ese nombre
- La Iglesia (el templo) es de bendición por el nombre que se invoca allí.
- La bendición está en el nombre
- EL NOMBRE REPRESENTA SU PRESENCIA

Por otro lado, Deuteronomio 12:11 menciona que a ese lugar se le debían traer las ofrendas, los diezmos y las primicias. ¿Por qué? La respuesta más lógica es porque allí está su presencia.

En 1 Reyes 8:29 dice: que estén tus ojos abiertos de noche y de día sobre esta casa, sobre este lugar del cual has dicho: Mi nombre estará allí; y que oigas la oración que tu siervo haga en este lugar.

Salomón da a entender que: El mismo que es Omnipresente, manifestara su presencia en ese lugar. Dios ha querido que su presencia sea notable en el lugar destinado para la adoración.

- El Nombre de Dios es sinónimo de su presencia.

Salmos 20:1 Jehová te oiga en el día de conflicto; El nombre del Dios de Jacob te defienda.
Salmos 20:2 Te envíe ayuda desde el santuario, Y desde Sion te sostenga.
Salmos 20:3 Haga memoria de todas tus ofrendas, Y acepte tu holocausto.

Conclusión

Para saber de qué manera puedo obtener bendición de parte de Dios es necesario conocer que la presencia de Dios se manifiesta es al invocar su nombre. El nombre de Dios representa su presencia. Es de vital importancia entender que Dios está en todo lugar y sobre todo manifiesta su presencia si de invoca su nombre.

Canción Recomendada: El bautismo, Autor: Aquerles Ascanio
Puedes escucharlo en:
https://m.youtube.com/watch?v=y0aS5sEFOKc

Letra:

Fui bautizado en el Nombre de Jesús
Y fueron perdonados todos mis pecados
Cuando yo era un niño, solo mi cabeza
Me la habían mojado, cuando no sabía
Que era bueno y que era malo.
Hoy me puedo dar cuenta como estaba engañado
El bautismo de niños la Biblia no ha registrado
Esa es una mentira que se han inventado
El bautismo es para aquellos
Que reconocen que han pecado.
El bautismo en el nombre de Jesús
Es el único que aparece en la Biblia
Es el nombre que se nos dio para el perdón
Será salvo todo aquel que lo reciba
Es tan poderoso que si hay enfermos
Él nos sirve también de medicina
Es el nombre sobre todo nombre
Ante él se doblará toda rodilla
De los que están en los cielos y en la tierra
Jesucristo es fuente de vida.
Lo que yo estoy cantando no es imaginación
Tengo muchos testigos que lo han predicado
Pedro fue uno de ellos que allá en Pentecostés
Por el Espíritu Santo predicó la palabra
Con poder y fue muy claro.
Aquella multitud estaba confundida
Cuando oyeron hablar del evangelio de Cristo
Ellos todos dijeron: que haremos para ser salvos
En el nombre de Jesús todos deben ser bautizados

Tema 8: ¿Qué es lo que representa el Nombre?

(parte 2)

Base Bíblica:

(Deuteronomio 10:8) En aquel tiempo apartó Jehová la tribu de Leví para que llevase el arca del pacto de Jehová, para que estuviese delante de Jehová para servirle, y para bendecir en su nombre, hasta hoy,

Como lo mencionamos en el tema anterior en el pensamiento oriental, el nombre jamás se consideraba como un mero vocablo; sino como la definición de la naturaleza de la persona o cosa designada. Conocer el Nombre de nuestro Dios es entender quién es Él, saber que representa, poder usarlo con autoridad y sentirnos más seguros de ¡A quien hemos creído!

En Deuteronomio 10:8, la tribu de Leví (sacerdotes) es apartada para servirle a Dios y bendecir SU NOMBRE.

- Los sacerdotes eran los representantes de Dios ante el pueblo.

¿Qué hacia un sacerdote?

...Orar, Interceder

...Hacer el sacrificio (Como Samuel)

...Actuaban como médicos en algunas ocasiones

...Mantenían el fuego encendido

En la primera carta que escribe el apóstol pedro se menciona el sacerdocio de esta dispensación.

(1 Pedro 2:9) Mas vosotros sois linaje escogido, real sacerdocio, nación santa, pueblo adquirido por Dios, para que anunciéis las virtudes de aquel que os llamó de las tinieblas a su luz admirable

- Todas las funciones que ejercía el sacerdote eran de bendición porque se invocaba EL NOMBRE.
- En el nombre de Jehová se oraba
- En el nombre de Jehová se hacia el sacrificio
- En nombre de Jehová se daba la medicina
- En el nombre de Jehová se mantenía el fuego encendido.

La sacerdote sabía bien QUE ERA LLAMAR A DIOS (sabía que a Dios se le llamaba por su nombre).

...El sacerdote era de bendición porque conocía bien el nombre de Dios.

...En nuestro tiempo el Cristiano de Verdad sabe de qué manera llega la bendición, la bendición de Dios llega a nuestra vida cuando se invoca ese nombre.

(Deuteronomio 16:11) Y te alegrarás delante de Jehová tu Dios, tú, tu hijo, tu hija, tu siervo, tu sierva, el levita que habitare en tus ciudades, y el extranjero, el huérfano y la viuda que estuvieren en medio de ti, en el lugar que Jehová tu Dios hubiere escogido para poner allí su nombre.

El versículo anterior menciona que donde se invoca ese nombre hay alegría.

- En el Hogar
- En el trabajo
- Con el extraño
- Con los necesitados

En 1 Crónicas 13 :6 dice, <<Y subió David con todo Israel a Baala de Quiriat-jearim, que está en Judá, para pasar de allí el arca de Jehová Dios, que mora entre los querubines, sobre la cual su nombre es invocado>>

Es decir: EL nombre de Jehová estaba invocado sobre el arca y Arca representaba la presencia de Dios, precisamente porque allí estaba invocado su nombre.

- Dicha arca la llevaban a la guerra
- Obed-Edom fue bendecido cuando tenía el arca. ¿Por qué? La respuesta más clara es porque en el arca estaba invoca ese nombre.

(2 Samuel 6:9) Y temiendo David a Jehová aquel día, dijo: ¿Cómo ha de venir a mí el arca de Jehová?

(2 Samuel 6:10) De modo que David no quiso traer para sí el arca de Jehová a la ciudad de David; y la hizo llevar David a casa de Obed-edom geteo.

(2 Samuel 6:11) Y estuvo el arca de Jehová en casa de Obed-edom geteo tres meses; y bendijo Jehová a Obed-edom y a toda su casa.

(2 Samuel 6:12) Fue dado aviso al rey David, diciendo: Jehová ha bendecido la casa de Obed-edom y todo lo que tiene, a causa del

arca de Dios. Entonces David fue, y llevó con alegría el arca de Dios de casa de Obed-edom a la ciudad de David.

Ponte a pensar porque fue bendecido Obed-edom ¿Por la madera de arca? ¿Por las tablas de ley? ¿Por las figuras de angeles que estaban en el arca? No. El arca fue de bendición para Obed-edom porque allí estaba invocado su nombre.

El nombre de Dios para este tiempo significa Dios con nosotros.

(Mateo 1:23) He aquí, una virgen concebirá y dará a luz un hijo,
Y llamarás su nombre Emanuel, que traducido es: Dios con nosotros.

Conclusión

En el nombre de Dios hay mucha bendición para los momentos de necesidad. Tal vez por eso la biblia invita a hacerlo todo en su nombre, como garantía de éxito, por eso dice en Colosenses:

(Colosenses 3:17) Y todo lo que hacéis, sea de palabra o de hecho, hacedlo todo en el nombre del Señor Jesús, dando gracias a Dios Padre por medio de él.

Canción Recomendada: En el trono solo hay uno. Autor: Aquerles Ascanio
Puedes escucharlo en:
https://m.youtube.com/watch?v=drkPQ3uAoas

Letra:
Señor Jesús te seguiré a donde quieras
Y con el alma tu nombre anunciaré
Pues para ti no existen las barreras
Cual sea el gigante lo derrotaré
Invocare tu nombre poderoso
Sé que victoria segura yo tendré
Al enemigo tal vez no le ha gustado
Que yo proclame que solo tú eres Dios
Pero esas cosas a mí no me asustan
Si fuiste tu quien me las reveló
Que Jesucristo es e l verdadero Dios //
Allá en el trono solo está sentado
El Dios de Abraham, de Isaac y de Jacob
El mismo que para poder salvarnos
Se hizo hombre y en una cruz murió
Se levantó al tercer día de los muertos
Y por los siglos de los siglos vive hoy
Indiscutiblemente dice Pablo
Allá en la carta que a Timoteo él le escribió
Que Dios fue manifestado en carne
Que no fue otro él a quien mandó
Él es el padre, también es el hijo
Es el espíritu, Jesucristo es Dios
II
Señor Jesús te cantaré hasta que quieras
Y hasta que vengas tu nombre anunciaré
En ese nombre son rotas las cadenas
Tus adversarios tienen que retroceder
Por muy gigante que se crea el enemigo

Con Jesucristo él lleva las de perder
En Jesucristo hay manantial de vida
Y es que su nombre es más dulce que la miel
En ese nombre nos vamos para arriba
Y allá en el cielo vamos a estar con él
Querido amigo si tú no te bautizas
En ese nombre, te vas a perder
Aun ahora hay tiempo entrégale hoy tu vida Señor Jesús te seguiré
a donde quieras
Y con el alma tu nombre anunciaré
Pues para ti no existen las barreras
Cual sea el gigante lo derrotaré
Invocare tu nombre poderoso
Sé que victoria segura yo tendré
Al enemigo tal vez no le ha gustado
Que yo proclame que solo tú eres Dios
Pero esas cosas a mí no me asustan
Si fuiste tu quien me las reveló
Que Jesucristo es el verdadero Dios //
Allá en el trono solo está sentado
El Dios de Abraham, de Isaac y de Jacob
El mismo que para poder salvarnos
Se hizo hombre y en una cruz murió
Se levantó al tercer día de los muertos
Y por los siglos de los siglos vive hoy
Indiscutiblemente dice Pablo
Allá en la carta que a Timoteo él le escribió
Que Dios fue manifestado en carne
Que no fue otro él a quien mandó
Él es el padre, también es el hijo
Es el espíritu, Jesucristo es Dios
II
Señor Jesús te cantaré hasta que quieras
Y hasta que vengas tu nombre anunciaré
En ese nombre son rotas las cadenas
Tus adversarios tienen que retroceder
Por muy gigante que se crea el enemigo
Con Jesucristo él lleva las de perder

En Jesucristo hay manantial de vida
Y es que su nombre es más dulce que la miel
En ese nombre nos vamos para arriba
Y allá en el cielo vamos a estar con él
Querido amigo si tú no te bautizas
En ese nombre, te vas a perder
Aun ahora hay tiempo entrégale hoy tu vida
A Jesucristo y también tu podrás ver.
A Jesucristo y también tu podrás ver.

Base Bíblica:

<< (Jueces 13:2) Y había un hombre de Zora, de la tribu de Dan, el cual se llamaba Manoa; y su mujer era estéril, y nunca había tenido hijos.
(Jueces 13:3) A esta mujer apareció el ángel de Jehová, y le dijo: He aquí que tú eres estéril, y nunca has tenido hijos; pero concebirás y darás a luz un hijo.
(Jueces 13:4) Ahora, pues, no bebas vino ni sidra, ni comas cosa inmunda.
(Jueces 13:5) Pues he aquí que concebirás y darás a luz un hijo; y navaja no pasará sobre su cabeza, porque el niño será nazareo a Dios desde su nacimiento, y él comenzará a salvar a Israel de mano de los filisteos.
(Jueces 13:6) Y la mujer vino y se lo contó a su marido, diciendo: Un varón de Dios vino a mí, cuyo aspecto era como el aspecto de un ángel de Dios, temible en gran manera; y no le pregunté de dónde ni quién era, ni tampoco él me dijo su nombre. >>

- En este texto se anuncia el nacimiento de un libertador (Sansón).
- El Ángel de Jehová anuncio a la esposa de Manoa dos promesas:

  a) Que ella daría a luz
  b) Que este niño nacido comenzaría a librar a Israel de los filisteos.

- La esposa de Manoa pensaba que el Ángel ERA SOLO UN VIAJERO, pero era un Ángel de parte de Dios (a esto se le llama teofanía o Angelofanía).
- Dios cuida a este bebe aun desde el vientre de su madre.

<<Dios lo trata como una persona aun desde el vientre de su madre>>, por eso para la mayoría de los cristianos el aborto es rechazado por Dios "Ya es un humano desde el vientre"

- Lo extraño para ella, era que no sabía su procedencia, ni tampoco su nombre.

- Para un judío al momento de conocer a una persona eran necesarias dos cosas:
  a) Conocer su procedencia (Familia y lugar de origen)
  b) Conocer su nombre

- Manoa persiste en la idea de conocer al mensajero y agradecerle (Jueces 13: 7-18)

...Probablemente quería honrarlo con dinero o regalos.

- Pero el Ángel de Jehová da una respuesta evasiva

<<Jue 13:18 Y el ángel de Jehová respondió: ¿Por qué preguntas por mi nombre, que es admirable? >>

...Mi nombre es admirable

...No quiere decir que "ADMIRABLE" ES SU NOMBRE, sino que SU NOMBRE ES ADMIRABLE. Es decir que su nombre es digno de Admirar.

...Lo que quiere decir que su nombre es incomprensible para los seres humanos, esa Teofanía de Dios tendría un nombre que ellos se sorprenderían al escucharlo.

...La raíz hebrea traducida "Admirable" o "Maravilloso" sobrepasa la comprensión humana.

- En ese tiempo ningún nombre era adecuado para expresar lo que es Dios. Y Manoa sorprendido piensa que va a morir al darse cuenta que Dios le estaba hablando a través del Ángel.

<<Jue 13:22 Y dijo Manoa a su mujer: Ciertamente moriremos, porque a Dios hemos visto>>

- ¡EL NOMBRE DE DIOS ES ADMIRABLE!

-Si lo mencionamos en vano lo irrespetamos

-Si lo usamos para Jurar y mentimos, lo irrespetamos (Exo 20:7, Deu 5:11)

-Es un nombre de temor

-Es un nombre sobre todo nombre

-Nadie nunca puede igualar ese nombre

-Es un nombre Admirable

Por eso el Ángel le dijo a Manoa: ¿Por qué preguntas por mi nombre, que es admirable?

- Hay una profecía Mesiánica (profecía que hablaba del Mesías futuro, el Salvador o el Ungido) en el libro de Isaías.

<<Isa 9:6 Porque un niño nos es nacido, hijo nos es dado, y el principado sobre su hombro; y se llamará su nombre Admirable, Consejero, Dios Fuerte, Padre Eterno, Príncipe de Paz>>

Observemos que el Mesías también tendría un nombre Admirable. Fue una promesa que hizo Dios para enviar un Salvador, y sobre todo habría una manera de conocer cuál era ese Salvador. ¿Cuál era la manera de conocerlo? La respuesta es por su nombre.

En este versículo aparecen algunos apelativos del Mesías venidero, entre estos:

a) Admirable
b) Consejero
c) Dios Fuerte
d) Padre eterno
e) Príncipe de Paz

Hay que poner la lupa en estos apelativos, porque de todos estos cinco apelativos tres (Admirable, Dios Fuerte, Padre eterno) son apelativos que se daban solo y exclusivamente al Dios del antiguo testamento (Jehová).

El comentario de la Biblia del Diario Vivir habla de este versículo de la siguiente manera:

...NOMBRES DEL MESIAS
Isaías utilizó cinco nombres para describir al Mesías. Estos tienen un significado especial para nosotros.

Admirable: Excepcional, sublime y sin par.
Consejero: El de consejos adecuados.
Dios fuerte: Dios encarnado.
Padre eterno: No tiene límite de tiempo; es Dios nuestro Padre.
Príncipe de paz: Su gobierno es de justicia y paz...

Observe que casualmente de estos tres apelativos, se habla de características excepcionales que solo tenía el Dios del antiguo testamento. Es decir que nuestro Mesías o nuestro Salvador tendría características únicas del Dios que conocían los hebreos.

Lo importante es este asunto es poder concluir:

Si el nombre de Dios es Admirable (Jueces 13:18) y el nombre del Mesías "Jesús" es también Admirable (Isaías 9:6), entonces Jesús es el nombre del Dios Admirable, entonces JESÚS ES DIOS.

Esto se puede explicar con el modelo "T", donde por una dirección afirmamos que el Dios del Antiguo testamento (Jehová) tiene un nombre Admirable, y el Mesías "Jesús" también tiene un nombre Admirable, entonces se deprende una línea de conclusión inevitable: Jesús es el Jehová del Antiguo testamento.

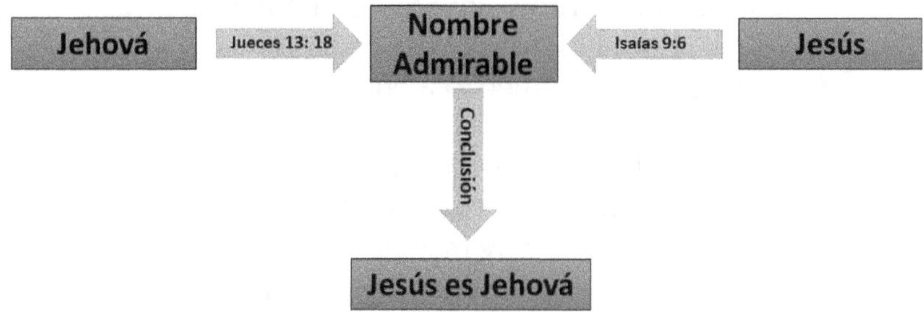

Figura 1. Modelo "T" para afirmar y concluir que Jesús tiene el mismo nombre Admirable de Jehová en el A.T. por lo tanto Jesús es igual a Jehová en cuanto a su nombre.

Por ese dice la carta a los Filipenses que ese nombre "Jesús" se debe doblar toda rodilla, porque Jesús es Jehová.

(Filipenses 2:10) para que en el nombre de Jesús se doble toda rodilla de los que están en los cielos, y en la tierra, y debajo de la tierra; (Filipenses 2:11) y toda lengua confiese que Jesucristo es el Señor, para gloria de Dios Padre.

Canción Recomendada: Nombre admirable. Autor: Aquerles Ascanio
Puedes escucharla en:
https://m.youtube.com/watch?v=aOrm9Hy00CQ

Letra:
Años y siglos han pasado en que esta iglesia
Nació aquel día grande de Pentecostés
Cuando los ciento veinte fueron bautizados,
Por el Espíritu Santo de Dios.
Desde ese día comenzó a andar esta iglesia
Fortalecida por el gran poder de Dios
Y todo el tiempo hemos sido perseguidos
De los que han querido ver nuestra destrucción.
Si esta iglesia hoy marcha triunfante
No es por el nombre Pentecostal
Es porque a ella se le ha dado un nombre
Nombre admirable grande y sin igual.
Es por el nombre de Jesús que esta iglesia
Nunca han podido ni podrán derrotar
Jesús lo ha dicho las puertas del infierno
Contra esta iglesia no prevalecerán.

A Jesucristo hoy le cantamos
Por este triunfo grande que él nos dio
Por esa sangre que virtió en el calvario
Nuestros pecados y culpas lavó.
Y en su nombre somos bautizados
Como lo dice la palabra de Dios
Porque no hay otro nombre dado a los hombres
En el cual podamos tener salvación.

Base Bíblica:

(Hechos 4:12) Y en ningún otro hay salvación; porque no hay otro nombre bajo el cielo, dado a los hombres, en que podamos ser salvos.

<<No hay otro nombre bajo el cielo, dado a los hombres en que podamos ser salvos>>

Sin lugar a dudas la anterior declaración NO PUEDE SER IGNORADA en el estudio de Dios.

Algunos estudiosos han mencionado: Para la gente de antaño el NOMBRE es parte de la persona, una extensión de la personalidad del individuo.

En el A.T Dios usó una revelación progresiva de su nombre, para revelar más de sus atributos y características a su pueblo. Por ejemplo:

- Génesis 22:14 (Jehová - Jireh) Jehová Proveerá
- Éxodo 15:26 (Jehová - Rapha) Jehová Sana
- Ezequiel 48:35 (Jehová - Shamaah) Jehová está presente

¡Todos estos son nombres compuestos o progresivos de Dios! Y Dios muestra sus atributos.

El ultimo nombre revelado de Dios para suplir la necesidad de salvación es JESÚS. Sin embargo, muchas profecías hablaban de un día especial, en que Dios revelaría su nombre, su único nombre para salvación, uno de esas profecías está en Zacarías.

- Zacarías 14:9 (En aquel día, uno será Jehová y uno su nombre)

(Zacarías 14:9) Y Jehová será rey sobre toda la tierra. En aquel día Jehová será uno, y uno su nombre.

Pero al pasar el tiempo la profecía se cumple en el tiempo oportuno, ese día se anuncia que nacerá un ser especial, con un nombre sin igual, con una función especial "salvará a su pueblo de sus pecados" aquí se cumple ese día que anuncio Zacarías, "En aquel día Jehová será uno, y uno su nombre" ese nombre es JESÚS, DIOS CON NOSOTROS, EL SALVADOR.

- Mateo 1:21-25 (Jesús = Dios con nosotros, o Jehová Salva)

(Mateo 1:21) Y dará a luz un hijo, y llamarás su nombre JESÚS, porque él salvará a su pueblo de sus pecados.

(Mateo 1:22) Todo esto aconteció para que se cumpliese lo dicho por el Señor por medio del profeta, cuando dijo:

(Mateo 1:23) He aquí, una virgen concebirá y dará a luz un hijo,

Y llamarás su nombre Emanuel, que traducido es: Dios con nosotros.

(Mateo 1:24) Y despertando José del sueño, hizo como el ángel del Señor le había mandado, y recibió a su mujer.

(Mateo 1:25) Pero no la conoció hasta que dio a luz a su hijo primogénito; y le puso por nombre JESÚS.

Cuando era muy pequeño siempre me preguntaba ¿Si en el cielo hay varios para adorar, a quien se debe dirigir mi oración? En esta ocasión nos debemos preguntar ¿Delante de quien se debe doblar mis rodillas, delante Jesús o delante Jehová?

La respuesta es Bíblica:

Delante Jehová (Época del Antiguo testamento)

(Isaías 45:23) Por mí mismo hice juramento, de mi boca salió palabra en justicia, y no será revocada: Que a mí se doblará toda rodilla, y jurará toda lengua.

Delante Jesús (Época del nuevo testamento)

(Filipenses 2:9) Por lo cual Dios también le exaltó hasta lo sumo, y le dio un nombre que es sobre todo nombre,

(Filipenses 2:10) para que en el nombre de Jesús se doble toda rodilla de los que están en los cielos, y en la tierra, y debajo de la tierra;

(Filipenses 2:11) y toda lengua confiese que Jesucristo es el Señor, para gloria de Dios Padre.

¿Y entonces es delante de Jehová o delante de Jesús? ¿Quién tiene la razón?

Hay que tener en cuenta que la Biblia no se contradice, y la respuesta más lógica es: Si te arrodillas delante de Jesús, también te arrodillas delante de Jehová, porque el nombre de Jesús es el mismo nombre de Jehová solo que progresivo, según la necesidad que se quería solventar o solucionar "LA SALVACIÓN"

Es más, al parecer bíblicamente no hay otro nombre en que los hombres se puedan salvar, por eso el escritor Lucas escribe de la siguiente manera:

(Hechos 4:12) Y en ningún otro hay salvación; porque no hay otro nombre bajo el cielo, dado a los hombres, en que podamos ser salvos

¡Por esa razón, el nombre de Jesús es sobre todo nombre, porque es el único nombre que da Salvación!

Canción Recomendada: Jesús es el Rey de reyes. Autor: Aquerles Ascanio
Puedes escucharla en:
https://m.youtube.com/watch?v=55evd9w9_sw

Letra:
Jesús es el rey de reyes, Jesús es el rey de reyes
Él es el Dios soberano
Es el todo poderoso, es el todo poderoso
Que en el trono está sentado
Vino al mundo en forma de hombre,
Vino al mundo en forma de hombre
Para librarnos del pecado
Él fue muerto y sepultado, él fue muerto y sepultado
Pero de allí se levantó
Con las llaves del infierno y al enemigo derrotó
Y como él vive para siempre Para siempre vivo yo
Y como él vive para siempre Para siempre vivo yo
Jesucristo es uno, Jesucristo es Dios
Jesucristo es uno, Jesucristo es Dios

En el trono hay uno, no son tres ni dos
En el trono hay uno, no son tres ni dos
Uno es el bautismo y en su nombre es
No creo en más nadie, Jesucristo es el rey
Yo no creo en más nadie, Jesucristo es el rey
Hoy le veo por la fe, hoy le veo por la fe
Y lo siento en mi alma
Pero un día espero ver, Pero un día espero ver
A Jesús cara a cara
No me imagino en el cielo, No me imagino en cielo
Tres tronos y tres sentados
La Biblia dice que hay uno, La Biblia dice que hay uno
Y es Jesús el soberano
La iglesia lo que lo espera y lo sigue predicando
Que en el trono solo hay uno y solo a él hay que adorarlo
Jesucristo es su nombre y con él pronto nos vamos
Y si tú también lo crees, ponte en pie y dale un aplauso
Dile a él lo que tú quieras, Jesucristo es el amado
Jesús es el rey de reyes, es el alfa y la omega
El principio y el fin y la iglesia lo espera
El principio y el fin y la iglesia lo espera
Yo le seguiré cantando hasta el día que el quiera
Yo le seguiré cantando hasta el día que el quiera

Tema 11: El significado del nombre Jesús y su identificación con la Iglesia

Base Bíblica:

(Hechos 5:41) Y ellos salieron de la presencia del concilio, gozosos de haber sido tenidos por dignos de padecer afrenta por causa del Nombre.

Jesús es el equivalente griego del hebreo JESHUAH que significa JEHOVÁ SALVA o YAHWEH es ayuda o salvación.

Aunque Yeshua es también la forma tardía de Jesué u Oseas, la palabra hebrea para salvación es YESHUAH.

Otros han portado ese nombre: Por ejemplo, Josué, Oseas o Jesús, sin embargo, JESÚS el ungido, ÉL es el único que era y es exactamente lo que ese nombre quiere decir y describe.

¡El Señor que existe por sí mismo es Salvación! Eso significa Jesús.

¿Quién es? Dios salvando al ser Humano.

Lo que representa el nombre Jesús

Sabiendo el significado del nombre de Jesús debemos intentar comprender lo que Él es para quienes somos sus seguidores.

<<Este nombre representa la presencia de su dueño, su poder y la obra de Dios>>

Cuando nosotros invocamos su nombre, creemos que Él mismo se hace presente y comienza a obrar, nuestra fe demuestra obediencia a su palabra.

Jesús en el N.T revelo el nombre y la naturaleza de Dios por medio de milagros (Juan 14:7-11; 10:37-38)

- **Identificación de la Iglesia (Somos su cuerpo, 1 Cor 12:27; Efe 4:12).**

La iglesia del Nuevo testamento es identificada por <<El nombre de Jesús>> conviene recordar que somos su cuerpo, su esposa (la que lleva su identificación, su nombre), y esto nos da a entender que llevamos su nombre y le pertenecemos a Él.

Jesús dijo que seriamos perseguidos por causa del nombre, y esto sucede desde el principio (Mateo 10:22; Hechos 5:28; 9:21; 15:26), más para nosotros es un privilegio sufrir por causa del nombre (Hechos 5:41)

En el nombre de Jesús esta todo el poder, el carácter, las facultades y la autoridad de Dios, por tal razón todo lo que hagamos sea de palabra o de hecho debemos hacerlo en el nombre de Jesús (Colosenses 3:17).

Conclusión

Jesús significa Jehová Salva y la iglesia del Señor en obediencia a su palabra todo lo hace en su nombre:

- Predica y enseña en el nombre de Jesús (Hechos 4:17-18)
- Bautiza en el nombre de Jesús (Hechos 2:38)
- Echa fuera demonios en su nombre (Marcos 16:17-18)
- Ora en el nombre de Jesús (Juan 14:13-14; 16:23)
- Hace señales en el nombre de Jesús (Hechos 4:30)
- Se congrega en el nombre de Jesús (Mateo 18:20)
- Sana enfermos en el nombre de Jesús (Santiago 5:14)

Canción Recomendada: Dios es uno. Autor: Aquerles Ascanio
Puedes escucharla en:
https://m.youtube.com/watch?v=cvToc3hqLdU

Letra:
Me dicen que la trinidad está en la Biblia
Quien sabe que Biblia será porque en la Biblia
Dios ha dicho yo soy uno y nada mas
Todo aquel que fue profeta de Jehová lo testifica
Tú no creas lo que digan los demás
Esa idea de que hay dos personas más es inaudita
Si el Dios del cielo no ha cambiado
Y de seguro que tampoco la teología
Si acerca de esto preguntáramos
A Pedro, a Pablo, a Lucas o a San Juan responderían
La supuesta trinidad es un dogma nada más
Inventado por la gran filosofía
Pero en Jesucristo está toda la divinidad
Del sempiterno Dios y dueño de la vida
No trato de polemizar con lo que digo
Tampoco quiero lastimar a algún amigo
Pero tengo que ser claro en afirmar
Dios es uno y su imagen personal es Jesucristo
Revelado el misterio de la piedad
No ha dejado ni la posibilidad de un panteísmo
Si yo les digo que no hay más personas
En la eternidad de Dios y en su deidad
No es cosa mía
Antes de mí no fue formado Dios ni lo
Será después de mi dice Jehová en Isaías

No podemos predicar con esa mentalidad
Comparando a Dios con la mitología
Porque eso no es verdad, Dios no es una sociedad
Y Jamás tuvo su gloria compartida.

Base Bíblica:

(Génesis 1:26) Entonces dijo Dios: Hagamos al hombre a nuestra imagen, conforme a nuestra semejanza; y señoree en los peces del mar, en las aves de los cielos, en las bestias, en toda la tierra, y en todo animal que se arrastra sobre la tierra.

Un plural es: Es un adjetivo (Numérico) gramatical que se refiere a dos o más personas o cosas. Los plurales en la Biblia hacen creer a muchos que en cielo hay varios. A continuación, miraremos los plurales más utilizados por la doctrina trinitaria y analizaremos brevemente su verdadero significado.

Analicemos expresiones muy comunes entre las comunidades de denominación trinitaria.

- Expresión 1.

...Hagamos al hombre a nuestra imagen, conforme a nuestra semejanza

¿Dónde lo entramos?

(Génesis 1:26) Entonces dijo Dios: Hagamos al hombre a nuestra imagen, conforme a nuestra semejanza; y señoree en los peces del mar, en las aves de los cielos, en las bestias, en toda la tierra, y en todo animal que se arrastra sobre la tierra.

Muchos interpretan este versículo mencionando que Dios estaba acompañado de una segunda o tercera persona el día que creo al hombre y que además menciona la palabra "Hagamos" porque hablaba con ellos, sin embargo, hay que hacer énfasis en que la Biblia usa pronombres singulares (como Hagamos) para Dios cientos de veces. El escritor David K. Bernard en su libro "La Unicidad de Dios" menciona que el próximo versículo (Génesis 1:27) usa el sentido singular para demostrar cómo Dios cumplió el versículo 26: "Y creó Dios al hombre a su imagen", nótese que no dice a sus imágenes (plural) sino a su imagen (singular).

David K. Bernard además menciona que es bueno recordar que cualquier interpretación de Génesis 1:26 que permite la existencia de más de una persona de Dios se encontrará con serias dificultades, ya que Isaías 44:24 dice que Jehová creó solo los cielos, y que creó la tierra por Sí mismo. De acuerdo a Malaquías 2:10, había solamente un Creador.

Si en realidad el hombre iba a ser creado a la imagen de varios (Génesis 1:26), ¿por qué fue creado a la imagen de uno solo? (Génesis 1:27) La respuesta más lógica es porque es uno solo "Un solo Dios", entonces en realidad la discusión no debe ser si son tres o dos haciendo parte de una trinidad o dualidad el día de la creación, ya que sabemos con anterioridad que Dios es uno e indivisible, y no hay otro fuera de Él. La verdadera discusión se debe centrar en ¿Por qué dice Hagamos?, sino no existe la trinidad ni la dualidad ¿Con quién Hablaba Dios?

Los judíos lo han interpretado tradicionalmente como significando que Dios habló con los ángeles en la creación. Esto no implica que los ángeles actualmente tomaron parte en la creación, sino que Dios les informó acerca de sus planes y solicitó sus comentarios. En por lo menos más de una ocasión Dios habló con los ángeles y solicitó sus opiniones al formular sus planes (I Reyes 22:19-22). Sí sabemos que los ángeles estaban presentes en la creación (Job 38:4-7). Esto nos da paso a muchas expresiones bíblicas donde Dios habla en plural, analicemos otras con ayuda del Señor.

- Expresión 2.

...El hombre es como uno de nosotros sabiendo el bien y el mal...

(Génesis 3:22) Y dijo Jehová Dios: He aquí el hombre es como uno de nosotros, sabiendo el bien y el mal; ahora, pues, que no alargue su mano, y tome también del árbol de la vida, y coma, y viva para siempre.

- Expresión 3.

...Descendamos y confundamos...

(Génesis 11:7) Ahora, pues, descendamos, y confundamos allí su lengua, para que ninguno entienda el habla de su compañero.

En esta aparte, vale la pena mencionar que son varios los conceptos que se emiten tratando de identificar, el o los interlocutores de Dios. Algunos se refieren a la sabiduría, otros al hecho de hablar Dios consigo mismo, otros piensan que hablaba con la iglesia en sentido profético etc. y la postura más fuerte piensa que se hablaba con los ángeles, como ya lo hemos mencionado. Veamos algunos ejemplos:

a) En los profetas de Acab

(1 Reyes 22:19) Entonces él dijo: Oye, pues, palabra de Jehová: Yo vi a Jehová sentado en su trono, y todo el ejército de los cielos estaba junto a él, a su derecha y a su izquierda.

(1 Reyes 22:20) Y Jehová dijo: ¿Quién inducirá a Acab, para que suba y caiga en Ramot de Galaad? Y uno decía de una manera, y otro decía de otra.
(1 Reyes 22:21) Y salió un espíritu y se puso delante de Jehová, y dijo: Yo le induciré. Y Jehová le dijo: ¿De qué manera?
(1 Reyes 22:22) El dijo: Yo saldré, y seré espíritu de mentira en boca de todos sus profetas. Y él dijo: Le inducirás, y aun lo conseguirás; vé, pues, y hazlo así.

Obsérvese a Dios en el trono y los ángeles sirviendo en su voluntad, además nuestro Señor los usaba para hacer sus designios.

b) En el llamamiento de Isaías

(Isaías 6:1) En el año que murió el rey Uzías vi yo al Señor sentado sobre un trono alto y sublime, y sus faldas llenaban el templo.
(Isaías 6:2) Por encima de él había serafines; cada uno tenía seis alas; con dos cubrían sus rostros, con dos cubrían sus pies, y con dos volaban.
(Isaías 6:3) Y el uno al otro daba voces, diciendo: Santo, santo, santo, Jehová de los ejércitos; toda la tierra está llena de su gloria.
(Isaías 6:4) Y los quiciales de las puertas se estremecieron con la voz del que clamaba, y la casa se llenó de humo.
(Isaías 6:5) Entonces dije: ¡Ay de mí! que soy muerto; porque siendo hombre inmundo de labios, y habitando en medio de pueblo que tiene labios inmundos, han visto mis ojos al Rey, Jehová de los ejércitos.
(Isaías 6:6) Y voló hacia mí uno de los serafines, teniendo en su mano un carbón encendido, tomado del altar con unas tenazas;

(Isaías 6:7) y tocando con él sobre mi boca, dijo: He aquí que esto tocó tus labios, y es quitada tu culpa, y limpio tu pecado.

(Isaías 6:8) Después oí la voz del Señor, que decía: ¿A quién enviaré, y quién irá por nosotros? Entonces respondí yo: Heme aquí, envíame a mí.

c) En los juicios contra Sodoma

(Génesis 18:2) Y alzó sus ojos y miró, y he aquí tres varones que estaban junto a él; y cuando los vio, salió corriendo de la puerta de su tienda a recibirlos, y se postró en tierra,
(Génesis 18:16) Y los varones se levantaron de allí, y miraron hacia Sodoma; y Abraham iba con ellos acompañándolos.
(Génesis 18:22) Y se apartaron de allí los varones, y fueron hacia Sodoma; pero Abraham estaba aún delante de Jehová.

(Génesis 19:1) Llegaron, pues, los dos ángeles a Sodoma a la caída de la tarde; y Lot estaba sentado a la puerta de Sodoma. Y viéndolos Lot, se levantó a recibirlos, y se inclinó hacia el suelo,

d) Los Ángeles son ejecutores de la palabra de Dios

(Salmos 103:20) Bendecid a Jehová, vosotros sus ángeles,
Poderosos en fortaleza, que ejecutáis su palabra,
Obedeciendo a la voz de su precepto.

Los nombres de Miguel y Gabriel se asocian al trato de Dios con Israel y al anuncio a María. En el nuevo testamento, incluyendo el apocalipsis, los ángeles desempeñan algunas funciones delegadas por Dios.

(Daniel 12:1) En aquel tiempo se levantará Miguel, el gran príncipe que está de parte de los hijos de tu pueblo; y será tiempo de angustia, cual nunca fue desde que hubo gente hasta entonces; pero en aquel tiempo será libertado tu pueblo, todos los que se hallen escritos en el libro.

(Judas 1:9) Pero cuando el arcángel Miguel contendía con el diablo, disputando con él por el cuerpo de Moisés, no se atrevió a proferir juicio de maldición contra él, sino que dijo: El Señor te reprenda.

(Daniel 9:21) aún estaba hablando en oración, cuando el varón Gabriel, a quien había visto en la visión al principio, volando con presteza, vino a mí como a la hora del sacrificio de la tarde.

(Lucas 1:19) Respondiendo el ángel, le dijo: Yo soy Gabriel, que estoy delante de Dios; y he sido enviado a hablarte, y darte estas buenas nuevas.

(Lucas 1:26) Al sexto mes el ángel Gabriel fue enviado por Dios a una ciudad de Galilea, llamada Nazaret.

Es muy claro ver a los ángeles al lado de Dios, ejecutando su voluntad, por ese motivo no es extraño pensar, ni anti bíblico creer que en los plurales que aparecen en la Biblia Dios hablaba con sus ángeles, y además cumplía sus designios como a Él le parecía.

Conclusión.

La mejor explicación de los plurales en la biblia en el momento en que vemos a Dios hablar sería que el Señor hablaba con los ángeles y no con una segunda o tercera persona de la llamada Trinidad.

Base Bíblica:

<< (Mateo 4:8) Otra vez le llevó el diablo a un monte muy alto, y le mostró todos los reinos del mundo y la gloria de ellos,
(Mateo 4:9) y le dijo: Todo esto te daré, si postrado me adorares.
(Mateo 4:10) Entonces Jesús le dijo: Vete, Satanás, porque escrito está: Al Señor tu Dios adorarás, y a él sólo servirás.
(Mateo 4:11) El diablo entonces le dejó; y he aquí vinieron ángeles y le servían. >>

Un día mi madre hizo de comida: arroz con huevos, y había unas salchichas en la nevera, mi hermana menor pregunto ¿mami y porque no nos das las salchichas?, mi madre respondió: porque no se pueden tener dos glorias.

Para algunos la Gloria es un gusto o un placer, pero la también es la expresión de la excelencia el carácter y la perfección de los atributos de Dios, hechos manifiestos en toda la creación.

El diccionario Bíblico Mundo Hispano dice:

...La palabra heb. traducida así, ***kabod,*** *significa* ***el peso*** *y por lo tanto* ***el valor de algo****, como cuando decimos que la palabra de alguien tiene peso.* ***La gloria de Dios es el valor de Dios, la presencia de Dios en la plenitud de sus atributos en algún lugar o por todas partes*** *(Exo_16:10; Exo_29:43; Exo_33:19—Exo_34:8; Isa_6:3) ...*

- Una de las cosas más delicadas en cuanto a la personalidad de nuestro Dios es su celo por las cosas sagradas. Todo lo que provenga de Dios es sagrado, entre esas cosas: SU NOMBRE, SU GLORIA, SU ALABANZA, SU ADORACIÓN.

- La gloria es un derecho exclusivo de Dios, y Él mismo dejo muy claro en su palabra que nadie más merecía la gloria.

<< (Salmos 29:2) Dad a Jehová la gloria debida a su nombre; Adorad a Jehová en la hermosura de la santidad. >>

<< (Salmos 115:1) No a nosotros, oh Jehová, no a nosotros, Sino a tu nombre da gloria,
Por tu misericordia, por tu verdad. >>

<< (Isaías 42:8) Yo Jehová; este es mi nombre; y a otro no daré mi gloria, ni mi alabanza a esculturas. >>

Uno de los errores más grandes de los seres humanos es darle la gloria en forma de alabanza y/o adoración a imágenes, personas, animales, costumbres, ideologías, objetos etc.

Precisamente uno de los objetivos del diablo es quitarle la gloria a Dios. Cuando Jesús fue tentado por el enemigo claramente se revela las verdaderas intenciones de satanás en ese momento:

<< (Mateo 4:8) Otra vez le llevó el diablo a un monte muy alto, y le mostró todos los reinos del mundo y la gloria de ellos,

(Mateo 4:9) y le dijo: Todo esto te daré, si postrado me adorares.>>

Es muy claro que satanás lo único que quería de Jesús era la Adoración, sin embargo, tu y yo sabemos que él no es digno de recibirla, la adoración es un derecho exclusivo de nuestro Dios, por eso Jesús responde tajantemente:

<< (Mateo 4:10) Entonces Jesús le dijo: Vete, Satanás, porque escrito está: Al Señor tu Dios adorarás, y a él sólo servirás.

(Mateo 4:11) El diablo entonces le dejó; y he aquí vinieron ángeles y le servían. >>

Los siervos de Dios siempre hemos sabido que la gloria le pertenece al Señor, y que nadie más la puede robar, es exclusivamente de Él. Veamos algunos ejemplos:

a) **Cuando Cornelio se le arrodilla a Pedro y lo adora, Pedro lo ubica y le dice que él solo es un hombre.**

<< (Hechos 10:25) Cuando Pedro entró, salió Cornelio a recibirle, y postrándose a sus pies, adoró.

(Hechos 10:26) Mas Pedro le levantó, diciendo: Levántate, pues yo mismo también soy hombre >>

b) **Cuando a Pablo y Bernabé le atribuyeron un milagro y la gente los confundió con dioses paganos (Mercurio y Júpiter) e incluso le quisieron hacer sacrificios. Ellos rasgaron sus vestidos indignados por esta conducta.**

<< (Hechos 14:8) Y cierto hombre de Listra estaba sentado, imposibilitado de los pies, cojo de nacimiento, que jamás había andado.

(Hechos 14:9) Este oyó hablar a Pablo, el cual, fijando en él sus ojos, y viendo que tenía fe para ser sanado,

(Hechos 14:10) dijo a gran voz: Levántate derecho sobre tus pies. Y él saltó, y anduvo.

(Hechos 14:11) Entonces la gente, visto lo que Pablo había hecho, alzó la voz, diciendo en lengua licaónica: Dioses bajo la semejanza de hombres han descendido a nosotros.

(Hechos 14:12) Y a Bernabé llamaban Júpiter, y a Pablo, Mercurio, porque éste era el que llevaba la palabra.

(Hechos 14:13) Y el sacerdote de Júpiter, cuyo templo estaba frente a la ciudad, trajo toros y guirnaldas delante de las puertas, y juntamente con la muchedumbre quería ofrecer sacrificios.

(Hechos 14:14) Cuando lo oyeron los apóstoles Bernabé y Pablo, rasgaron sus ropas, y se lanzaron entre la multitud, dando voces

(Hechos 14:15) y diciendo: Varones, ¿por qué hacéis esto? Nosotros también somos hombres semejantes a vosotros, que os anunciamos que de estas vanidades os convirtáis al Dios vivo, que hizo el cielo y la tierra, el mar, y todo lo que en ellos hay >>

...Si Dios se glorifica en tu vida y la gente te está adorando es hora que rasques tus vestidos, hazle entender a los demás que la gloria siempre es de ÉL.

c) **Cuando Juan se arrodilla delante del Ángel que trae la revelación. El ángel le dice que solo Dios merece que se le arrodillen y que se le adore.**

<< (Apocalipsis 19:10) Yo me postré a sus pies para adorarle. Y él me dijo: Mira, no lo hagas; yo soy consiervo tuyo, y de tus hermanos que retienen el testimonio de Jesús. Adora a Dios; porque el testimonio de Jesús es el espíritu de la profecía >>

d) **Cuando Jesús nace la adoración no se hace esperar, ya que Cristo (Dios hecho carne si merece la adoración).**

Los reyes magos lo adoraron:

<< (Mateo 2:10) Y al ver la estrella, se regocijaron con muy grande gozo.

(Mateo 2:11) Y al entrar en la casa, vieron al niño con su madre María, y postrándose, lo adoraron; y abriendo sus tesoros, le ofrecieron presentes: oro, incienso y mirra >>

Los Ángeles también lo adoraron:

<< (Lucas 2:8) Había pastores en la misma región, que velaban y guardaban las vigilias de la noche sobre su rebaño.

(Lucas 2:9) Y he aquí, se les presentó un ángel del Señor, y la gloria del Señor los rodeó de resplandor; y tuvieron gran temor.

(Lucas 2:10) Pero el ángel les dijo: No temáis; porque he aquí os doy nuevas de gran gozo, que será para todo el pueblo:

(Lucas 2:11) que os ha nacido hoy, en la ciudad de David, un Salvador, que es CRISTO el Señor.

(Lucas 2:12) Esto os servirá de señal: Hallaréis al niño envuelto en pañales, acostado en un pesebre.

(Lucas 2:13) Y repentinamente apareció con el ángel una multitud de las huestes celestiales, que alababan a Dios, y decían:

(Lucas 2:14) ¡Gloria a Dios en las alturas, Y en la tierra paz, buena voluntad para con los hombres! >>

La pregunta importante sería: ¿Si un ángel no admite adoración, y dice que solo se debe adorar a Dios (Apocalipsis 19:10), entonces porque si admite que se adore a Jesús? la única respuesta lógica sería que Jesucristo es Dios, ¡y por eso es digno de adoración!

- Los discípulos lo adoraron (Mateo 14:30)
- El ciego de nacimiento lo adoro (Juan 9:38)
- Las mujeres el día de la resurrección lo adoraron (Mateo 28:9)
- Los discípulos en la gran comisión lo adoraron (Mateo 28.17)
- Los discípulos en la ascensión lo adoraron (Lucas 24:51)
- También en el cielo lo adoran (Apocalipsis 5:14)
- Todos los ángeles de Dios lo adoran (Hebreos 1:6; Mateo 4:11)

¡Sin duda Jesucristo es Dios y Digno de la gloria, honra, alabanza y adoración!

Canción Recomendada: De todas maneras. Autor: Aquerles Ascanio
Puedes escucharla en: https://m.youtube.com/watch?v=SmKo-ZlgWrM

Letra:
De todas maneras Jesucristo es Dios
La Biblia lo dice Jesucristo es Dios
De todas maneras Jesucristo es Dios
//El todo poderoso, el rey de la gloria
Jesucristo es Dios//.

El que dijo a Noé construye un arca (era Dios)
Y se llevó a Enoc que no vio muerte (era Dios)
El que le habló a Abraham, Isaac y Jacob (era Dios)
Él fue el que hizo a todo ser viviente
El que le habló a Moisés en una zarza (era Dios)
El que libró a Daniel de los Leones (era Dios)
El que libró a Sadrac, Mesac y Abed Nego (era Dios)
Es el que reina en nuestros corazones
Cuando Elías clamó y descendió fuego
Cuando David lanzó piedra al gigante
//En el nombre de Jehová le tiró al suelo
Y le dio la victoria a Israel
Demostrando que Jehová es el Dios eterno//.

El que le dijo a lázaro ven fuera (era Dios)

Y a la mar le dijo enmudece (era Dios)
El que le dio la vista a Bartimeo (era Dios)
Multiplicó los panes y los peces
El que libró a dos hombres gadarenos (era Dios)
Sanó a la mujer que tocó su manto (era Dios)
A Pablo el perseguidor lo dejó ciego (era Dios)
A ese Dios es a quien yo le canto
Y no puedo dejar de predicarlo (que él es Dios)
Y que en su nombre hay perdón de pecados
//En el nombre de Jesús sana el enfermo
Es el bautismo que manda la Biblia
Es el mismo del Antiguo Testamento//.

Tema 14: ¿Cuál es el nombre de Dios, Jesús o Jehová?

Base Bíblica:

<< (Mateo 1:21) Y dará a luz un hijo, y llamarás su nombre JESÚS, porque él salvará a su pueblo de sus pecados.
(Mateo 1:23) He aquí, una virgen concebirá y dará a luz un hijo,
Y llamarás su nombre Emanuel, que traducido es: Dios con nosotros.
>>

- Todos tenemos un nombre: El nombre nos da identidad.
- Dios tiene una identidad, por lo tanto, también tiene un nombre
- El nombre de Dios en el antiguo testamento (JEHOVÁ, Éxodo 3: 13-15), representa el nombre divino YHWH, se relaciona con el verbo HAYAH, que quiere decir ser; el que existe desde el principio (NADIE CREO AL SEÑOR, EL CREO TODO).

- El nombre del Señor es de respeto (Éxodo 20:7) "Dios quiere que sepan y respeten su nombre"

- Pero entonces ¿Cuál es el nombre de Dios, Jehová o Jesús?

Respuesta: Ambos

Jehová es el nombre que Dios muestra en la Biblia en el Antiguo testamento, y Jesús es el nombre que Dios revela en el nuevo testamento para salvar a la humanidad. Dios ha mostrado un nombre a través de la historia según sea la necesidad. Por esa razón la mayoría de los comentaristas bíblicos afirman que el nombre de Dios ha sido un nombre progresivo, es decir que según la situación del hombre Dios se mostraba con su nombre para ayudar a su pueblo y extenderle la mano de misericordia. Por ejemplo.

- Jehová-Sabaoth (Jehová de los ejércitos). 1 S. 1:3, Ro. 9:29. Stg. 5:4, Is. 1:9.
- Jehová-Jireh (Jehová proveerá). Gn. 22:13-14
- Jehová-Rafa (Jehová sanador). Ex. 15:28
- Jehová-Nisi (Jehová es mi bandera). Ex. 17:8-15.
- Jehová-Salom (Jehová es paz). Jue. 6:24.
- Jehová-Ra-ah (Jehová es mi pastor). Sal. 23:1.
- Jehová-Tsidkenu (Jehová justicia nuestra). Jer. 23:6.
- Jehová-Sama (Jehová está presente). Ez. 48:35.

El hombre estaba necesitando un salvador, por esa razón Dios se muestra como salvador con el nombre Jesús que significa: Jehová salva o también significa Dios con nosotros según Mateo 1: 21, 23.

(Mateo 1:21) Y dará a luz un hijo, y llamarás su nombre JESÚS, porque él salvará a su pueblo de sus pecados.

(Mateo 1:23) He aquí, una virgen concebirá y dará a luz un hijo,
Y llamarás su nombre Emanuel, que traducido es: Dios con nosotros.

- **Lo que necesitaba el hombre**: Si nuestro serio problema hubiera sido económico, Dios hubiera enviado un economista, o si nuestro más serio problema hubiera sido psicológico y emocional, Dios hubiera enviado a un psiquiatra. Tal vez en caso de que nuestro más serio problema hubiera sido de salud, Dios hubiera enviado un médico; pero Dios envió un Salvador, porque el más serio problema del hombre es su pecado. Ese nombre para sálvanos es Jesús.

- **En que nombre se debe bautizar una persona** ¿En el nombre de Jehová o en nombre de Jesús?

Respuesta: En el nombre de Jesús

¿Pero si ambos son nombre de Dios, porque no me bautizo en el nombre de Jehová?

Respuesta: Porque en la biblia la Iglesia bautizaba en el nombre de Jesús, no el nombre de Jehová. Es decir: no hay otro bautismo practicado que apruebe la biblia que no sea en nombre de Jesús. Veamos algunos ejemplos:

- Tres mil el día de pentecostés (Hch 2: 38-41)
- Los samaritanos (Hch 8: 14-16)
- Los efesios (Hch 10:47-48)
- El apóstol Pablo (Hch 3:27; 22:16)
- Los Corintios (1 Cor 1:13)

Conclusión

El nombre de Dios en el nuevo testamento es Jesús, ya que fue el nombre que Dios nos revelo para darnos salvación.

Todos los bautismos en la biblia son en ese nombre que Dios dio a conocer al ser humano, para salvarnos, y ese nombre es Jesús. No hay otro nombre que salve, solo Jesús tiene el poder para salvar y perdonar pecados.

(Hechos 4:11) Este Jesús es la piedra reprobada por vosotros los edificadores, la cual ha venido a ser cabeza del ángulo.

(Hechos 4:12) Y en ningún otro hay salvación; porque no hay otro nombre bajo el cielo, dado a los hombres, en que podamos ser salvos.

Canción Recomendada: Los pentecostales. Autor: Aquerles Ascanio
Puedes escucharla en:
https://m.youtube.com/watch?v=gH1LhvX8GWc

Letra:

Dicen que los pentecostales ganan almas porque tienen
Facilidad de palabras y a muchos los convencen.
Lo que pasa es que tenemos en la vida invocado
El nombre de Jesús y ese nombre es respetado
Y ademas recibimos el don del Espíritu Santo
El poder que tenemos cuando nosotros hablamos.

En el nombre de Jesús hay libertad,
En el nombre de Jesús hay sanidad,
En el nombre de Jesús hay autoridad,
Para reprender todas las fuerzas del mal.
En el nombre de Jesús el cojo puede caminar
El ciego ver, el mudo hablar en ese nombre,
En el nombre de Jesús la bruja tiene que correr
Y el enemigo que callar porque no aguanta ese nombre,
Jesús, Jesús.
Un paralitico estaba a la puerta de La Hermosa
Le pedía a Pedro y a Juan que le diera una limosna,
No tengo plata ni oro Pedro a él le contestó
De lo que tengo te doy, por favor míranos
En el nombre de Jesús levántate él le ordenó
Y el cojo entra saltando al templo alabando a Dios.
En el nombre de Jesús hay libertad,
En el nombre de Jesús hay sanidad,
En el nombre de Jesús hay autoridad,
Para reprender todas las fuerzas del mal.
En el nombre de Jesús el cojo puede caminar
El ciego ver, el mudo hablar en ese nombre,

En el nombre de Jesús la bruja tiene que correr
Y el enemigo que callar porque no aguanta ese nombre,
Jesús, Jesús.

Base Bíblica:

<< (Génesis 4:26) Y a Set también le nació un hijo, y llamó su nombre Enós. Entonces los hombres comenzaron a invocar el nombre de Jehová. >>

- El nombre representa la identidad y sobretodo el carácter.
- Dios tiene un nombre, un carácter Santo, Puro y Único, el mismo lo dijo:

<< (Levítico 20:7) Santificaos, pues, y sed santos, porque yo Jehová soy vuestro Dios>>

Donde se nombre ese nombre con fe, allí se manifiesta su presencia, o mejor dicho donde se **invoque** ese nombre, allí se manifiesta su presencia.

¿Qué es invocar?

Respuesta: Según algunos diccionarios es demandar ayuda mediante una súplica vehemente.

- Invocar es llamar o nombrar, y en el mundo espiritual INVOCAR ES FUNDAMENTAL.
- La mayoría de los hechiceros invocan a los espíritus malignos nombrándolos, es decir un hechicero debe conocer exactamente el nombre de los demonios y así poder llamarlos y de esa manera hacer maldades.

Recuerdo que hace muchos años (todavía no convertido) iba en bus y alguien me regalo un folleto donde supuestamente yo podría desdoblar mi espíritu e ir a cualquier lugar del mundo solo con mi espíritu. En ese folleto daban algunas pautas para poder salir supuestamente de mi cuerpo, y al final de toda la ceremonia ritualista debía de decir muchas veces la palabra FARAÓN, siempre me pregunte ¿Por qué debía terminar el ritual así? Hasta que averiguando me di cuenta que faraón también es el nombre de un espíritu maligno. Entonces entendí que al repetir la palabra faraón muchas veces lo que estaba era invocando (llamando) a un espíritu maligno y ese espíritu maligno en mí, me hacía creer que podía viajar a todos los lugares del mundo. Pongo este ejemplo porque nosotros también podemos invocar a Dios que es Espíritu mencionando su nombre con fe.

A Dios se le llama mencionado su nombre y su nombre no es Dios, ni Padre, ni Hijo y mucho menos Espíritu Santo, el nombre de Dios es Jesús y con ese nombre podemos ver acontecimientos milagrosos, cosas extraordinarias que tal vez no podríamos imaginar tan solo mencionado el nombre de Jesús.

Si fuéramos varios hombres por un camino y alguien que llama de afuera dice, ¡Padre! tal vez todos los que tenemos hijos podríamos voltear y mirar quien llama, o si dice ¡Hijo! Estoy seguro que la mayoría miraríamos por nuestra condición de hijos, y si dice, ¡El que tiene espíritu!, fuera algo extraño, pero algunos miraríamos, en todo caso ninguno de estos llamados fue selectivo (que se llame a uno solo entre todos los hombres que van caminando). Sin embargo, si dicen ¡Juan Gabriel Sanchez Castellón! De todos los que vamos caminando solo yo miraría, porque me llamó por mi nombre y eso hace el llamado selectivo. De la misma forma de tantos espíritus que existen hay que saber muy bien a que nombre responde Dios, y el nombre que muestra la biblia al que Dios responde con poder y gloria es Jesús.

Recuerdo que un hno de la iglesia estaba en su moto en una estación de bombeo y un carro que venía retrocediendo lo golpeo y el hno quedó atorado debajo de carro con su moto, en ese momento el hno invoca el nombre de Jesús y dice el hno que alguien alzo la moto y él pudo salir de debajo del carro ¿Qué fue lo que paso? Se invocó al Señor por su nombre, y el Señor vino a auxiliar al que lo llamo por su nombre.

En Génesis 4:26, habla de la historia de los hijos del hombre (Descendencia de Caín, mala generación) y los hijos de Dios (Descendencia de Set, había esperanza de ser una buena generación). En ese momento Dios quería que existiera una distinción entre ambas descendencias y por eso dice:

<< (Génesis 4:26) Y a Set también le nació un hijo, y llamó su nombre Enós. Entonces los hombres comenzaron a invocar el nombre de Jehová >>

- Nótese que sobre los hijos de Dios (descendencia de Set) se comenzó a invocar el nombre de Jehová, es decir había una distinción la cual estaba fundamentada en invocar el nombre de Dios sobre ellos como un sello que los hiciera distintos a los hijos del hombre (descendencia de Caín).
- En este tiempo podemos decir lo mismo ¡Los hijos de Dios tienen su nombre invocado!
- Por eso todo en la Biblia se hace en el nombre de Jesús:

<< (Colosenses 3:17) Y todo lo que hacéis, sea de palabra o de hecho, hacedlo todo en el nombre del Señor Jesús, dando gracias a Dios Padre por medio de él. >>

Cuando fue sano el cojo de la hermosa ¿Qué hizo que este hombre fuera sanado?

Respuesta: No fue la elocuencia de los apóstoles, ni una mirada profunda, ni mucho menos la confianza del cojo hacia los discípulos, fue el nombre que se invocó en ese momento, el nombre de Jesús.

<< (Hechos 3:6) Mas Pedro dijo: No tengo plata ni oro, pero lo que tengo te doy; en el nombre de Jesucristo de Nazaret, levántate y anda.

(Hechos 3:7) Y tomándole por la mano derecha le levantó; y al momento se le afirmaron los pies y tobillos;
(Hechos 3:8) saltando, se puso en pie y anduvo; y entró con ellos en el templo, andando, y saltando, y alabando a Dios.
(Hechos 3:9) Y todo el pueblo le vio andar y alabar a Dios. >>

Y cuando Pedro hace su discurso aclaratorio de este milagro dice, que por la fe en el nombre de Jesús este cojo ha sido sanado. Confirmando lo dicho anteriormente: el nombre de Jesús es el nombre donde Dios se manifiesta con poder, porque Jesús es el nombre de Dios.

<< (Hechos 3:16) Y por la fe en su nombre, a éste, que vosotros veis y conocéis, le ha confirmado su nombre; y la fe que es por él ha dado a éste está completa sanidad en presencia de todos vosotros.>>

En relación con el Bautismo, Pablo relata su conversión y su bautismo en el libro de Hechos, y en el versículo 16 declara:

<< (Hechos 22:16) Ahora, pues, ¿por qué te detienes? Levántate y bautízate, y lava tus pecados, invocando su nombre. >>

Las preguntas importantes serian:

¿Cómo se lavan los pecados?
¿Cómo se perdonan los pecados?

Respuesta: Invocando su nombre, en el bautismo se debe invocar (llamar) o nombrar ese nombre.

- Si el que perdona los pecados es Dios (Lucas 5:21)
- Entonces hay que llamar a Dios por su nombre
- A Dios se le llama por su nombre y su nombre es Jesús (Jehová Salva)
- Si quieres que Dios te responda llámalo por su nombre, si necesitas la bendición de Dios, invocar (llamar) bien a Dios es el secreto. Secreto que fue revelado a sus hijos "Su nombre es Jesús"

Canción Recomendada: El nombre. Autor: Aquerles Ascanio
Puedes escucharla en:
https://m.youtube.com/watch?v=oGbZdGX0tms

Letra:

Qué bueno es seguir hablando del nombre,
Que bueno es hablar de unicidad
El nombre que fue dado a los hombres,
Y que lo tiene el Dios de la eternidad
Y por creer en ese nombre hoy tenemos,
De ser sus hijos él nos dio la potestad
A ese nombre lo respetan los demonios,
Huye el peligro y también la enfermedad.

Pues ese nombre aquí representa del Dios eterno toda su autoridad
Ya les digo cuál es ese nombre que la vista a los ciego la dio,
Aun cojo en el templo la hermosa se lo invocaron y se levantó
Él que lo tiene fue el que en la tumba de Lázaro
Dijo ven fuera y el muerto resucitó,
Este es el nombre que nos fue revelado
Y Dios lo trajo cuando nos visitó,
Jesús es el nombre de quien les habló
Digan aleluya, digan gloria a Dios.

Dios habiendo hablado de muchas maneras,
En otros tiempos con el hombre trato por los padres
Y por los profetas fueron muchas veces las que él habló,
En este tiempo él nos habló por el hijo a quien heredero de todo nombro
Él es antes de todas las cosas sin él nada de lo existe existió,
Jesús el nombre que Dios tenía dispuesto y preparado para la redención
Ya les digo cuál es ese nombre que la vista a los ciego la dio,
Aun cojo en el templo la hermosa se lo invocaron y se levantó
Él que lo tiene fue el que en la tumba de Lázaro
dijo ven fuera y el muerto resucitó,
Este es el nombre que nos fue revelado
Y Dios lo trajo cuando nos visitó,
Jesús es el nombre de quien les habló
Digan aleluya, digan gloria a Dios

Base Bíblica:
<< (Isaías 43:10) Vosotros sois mis testigos, dice Jehová, y mi siervo que yo escogí, para que me conozcáis y creáis, y entendáis que yo mismo soy; antes de mí no fue formado dios, ni lo será después de mí.
(Isaías 43:11) Yo, yo Jehová, y fuera de mí no hay quien salve. >>

Isaías 43:10-11, muestra un panorama muy interesante:

En momentos de crisis Dios siempre le ha hablado a su pueblo
...Da claridad sobre lo que está pasando
...Muestra el camino a seguir
...Da esperanza al pueblo desanimado

En este contexto histórico Israel pasaba por grandes problemas
...La Cautividad por parte de Babilonia
...La opresión
...La muerte

Y Dios promete librarlos (Y retornar a su tierra) "NO POR FUERZA HUMANA, IDEOLOGICA O POLITICA SINO CON EL PODER DE DIOS"

Israel no sabe y está inconsciente o desapercibido de lo que Dios piensa hacer, por eso dice: << Isaías 43:8, ...Pueblo ciego que tiene ojos, sordos que tienen oído>>

Toda esta obra es un hecho de Dios, por eso Israel se convierte en su testigo (Isaías 43:10).

¿Testigo de qué?
Respuesta: De que hay muchos dioses en babilonia

...Pero, aunque haya muchos dioses, Dios es uno solo y uno su nombre

"El Mundo tiene muchos dioses, pero hay un solo Dios"

Isaías 43: 10-11, es uno de los textos más MONOTEÍSTAS DE LA BIBLIA.

Dios declara: <<Yo, yo Jehová y fuera de mi no hay quien salve>>

- ¡El único salvador!
- ¡El único redentor!
- ¡El único poderoso: ¡TODO PODEROSO!
- ¡El único con autoridad sobre la opresión!
- ¡EL único proveedor!
- ¡Solo Jehová puede salvar!

Mucha gente en problemas busca:

- Hechicerías
- Vender su cuerpo
- Humillarse delante de humanos

"Pero si el hombre se humillara delante de Dios hallaría solución, SOLO DIOS PUEDE SALVAR"

Para nuestra época, nuevamente el hombre pasa por una crisis

... ¡Ya no es babilonia! Es el pecado

... Cautivo del pecado
... Preso del pecado (Y con el pecado condenado a muerte)

Nuevamente en otro momento de crisis, Dios se acuerda de su pueblo

...Y el Señor tiene un plan para salvar a su pueblo del pecado
... Misteriosamente (1 Tim 3:16) se viste de cordero "Se hace carne" en Cristo Jesús
...Para que haya limpieza de pecado el cordero debe morir y derramar su sangre (Heb 9:22)

Y Jesús estando en la condición de Dios, no estimo en ser igual a Dios (Jesús y Jehová son iguales) como cosa que aferrarse, sino que se despojó a si mismo haciéndose obediente hasta la muerte, y muerte de cruz (Fil 2:6-8).

¡Dios se hace carne (hombre) y muere como cordero!
¡Muere para darnos salvación!
¡Ese Yo, yo Jehová y fuera de mi no hay quien salve, se estaba cumpliendo en Cristo, dándonos salvación!

¿Por qué Jesús en este tiempo es el único que salva?
Respuesta: Porque Jesús es el mismo Jehová

Luego de la sanación del cojo de la hermosa, los hermanos Pedro y Juan estaban encarcelados.
¿Por qué?
Respuesta: Porque habían sanado a un cojo de nacimiento invocándole en nombre de Jesús. La biblia lo demuestra:

<< (Hechos 3:6) Mas Pedro dijo: No tengo plata ni oro, pero lo que tengo te doy; en el nombre de Jesucristo de Nazaret, levántate y anda.
(Hechos 3:7) Y tomándole por la mano derecha le levantó; y al momento se le afirmaron los pies y tobillos >>

Lo más sobresaliente es el momento que estos hombres son interrogados:

<< (Hechos 4:7) y poniéndoles en medio, les preguntaron: ¿Con qué potestad, o en qué nombre, habéis hecho vosotros esto? >>

Y la respuesta no se dejó esperar:

<< (Hechos 4:9) Puesto que hoy se nos interroga acerca del beneficio hecho a un hombre enfermo, de qué manera éste haya sido sanado,
(Hechos 4:10) sea notorio a todos vosotros, y a todo el pueblo de Israel, que en el nombre de Jesucristo de Nazaret, a quien vosotros crucificasteis y a quien Dios resucitó de los muertos, por él este hombre está en vuestra presencia sano. >>

Y finalmente el discurso termina con uno de los versículos más utilizados por los pentecostales unicitarios:

<< (Hechos 4:11) Este Jesús es la piedra reprobada por vosotros los edificadores, la cual ha venido a ser cabeza del ángulo.

(Hechos 4:12) Y en ningún otro hay salvación; porque no hay otro nombre bajo el cielo, dado a los hombres, en que podamos ser salvos. >>

¡Solo Jesús puede salvar!

Conclusión

Es importante recordar los antes mencionado. Solo Jehová puede salvar (Isaías 43:10-11). Sin embargo, en el discurso de Pedro se menciona que solo Jesús puede salvar. Lo único que podemos concluir de estas afirmaciones es que Jesús es Jehová el único que puede salvar.

Solo en el nombre de Jesús:

- Hay sanidad
- Se echan fuera a los demonios
- Hay libertad
- Hay poder
- Se rompen cadenas
- Hay Provisión
- Hay Protección
- Hay Salvación
- Hay un bautismo bíblico y verdadero

Canción Recomendada: Se manifestó en carne. Autor: Aquerles Ascanio
Puedes escucharla en:
https://m.youtube.com/watch?v=pbMRvqXIuW8

Letra:

A todo el que anda creyendo que en el cielo hay trinidad
Yo se lo voy explicar a través de la escritura
Para Dios salvar al hombre se quiso manifestar
Y te lo voy a explicar para que no te quede duda
Y como Dios es espíritu y no se puede ver
Se tuvo que proveer el de un cuerpo humano
Allá en Timoteo tres usted mismo puede leer
Lo que Dios tuvo que hacer para librarnos del pecado
Era un pariente cercano el que nos podía redimir
Por eso el quiso venir para librarnos del tirano
Y somos ese botín preciado que mi Dios vino a rescatar
Otro no nos podía salva el fue quien nos tendió la mano
Bendito el que vino a salvarnos Jesús es Dios no tiene duda
Y así lo dice la escritura y por siempre se estar anunciando.

Decir que Jesús es Dios no es para discutir
Si usted lo quiere creer o no el sigue siendo el mismo
La Biblia me testifica que un día prometió venir
Cuando hablo con Abraham el día que le prometió un hijo
En tu simiente serán bendita todas las familias
de Isaac vino Jacob padre del pueblo con promesa
De dónde nació Jesús el salvador de nuestras vidas
El que vino y le hirió al enemigo en la cabeza
Jesús es esa promesa que Adán y a Eva Dios le hizo
Estando en el paraíso engañados por la serpiente
En este tiempo se predica Jesús el salvador del mundo
Y el derramó su amor profundo que nos perdona los pecados
Pero se hace necesario que el hombre venga y se arrepienta
Y así tendrá la vida eterna con Cristo viviremos juntos

Tema 17: ¿Si Jesús es el Padre, porque se le llama Hijo?

Base Bíblica:
<< Isaías 9:6 Porque un niño nos es nacido, hijo nos es dado, y el principado sobre su hombro; y se llamará su nombre Admirable, Consejero, Dios Fuerte, Padre Eterno, Príncipe de Paz >>

En primera instancia para este tema tenemos que centrarnos en verdades ya antes dichas y reveladas por la palabra de Dios, como lo es la declaración de que Jesús es el padre.

- **Jesús es el Padre** (la biblia lo dice)

Primera base bíblica; Declarada por Isaías, ÉL ES EL PADRE ETERNO.

<< Isaías 9:6 Porque un niño nos es nacido, hijo nos es dado, y el principado sobre su hombro; y se llamará su nombre Admirable, Consejero, Dios Fuerte, Padre Eterno, Príncipe de Paz >>

Segunda Base Bíblica: A Jesús le preguntaron ¿Dónde está tu padre? Y el

respondió:

<< (Juan 8:19) Ellos le dijeron: ¿Dónde está tu Padre? Respondió Jesús: Ni a mí me conocéis, ni a mi Padre; si a mí me conocieseis, también a mi Padre conoceríais.

(Juan 8:24) Por eso os dije que moriréis en vuestros pecados; porque si no creéis que yo soy, en vuestros pecados moriréis.

(Juan 8:25) Entonces le dijeron: ¿Tú quién eres? Entonces Jesús les dijo: Lo que desde el principio os he dicho.

(Juan 8:27) Pero no entendieron que les hablaba del Padre. >>

Tercera base bíblica: La declaración a Felipe

<< (Juan 14:8) Felipe le dijo: Señor, muéstranos el Padre, y nos basta.

(Juan 14:9) Jesús le dijo: ¿Tanto tiempo hace que estoy con vosotros, y no me has conocido, Felipe? El que me ha visto a mí, ha visto al Padre; ¿cómo, pues, dices tú: Muéstranos el Padre? >>

¿Pero si Jesús es el Padre porque se llama Hijo?

- Cuando hablamos del Padre nos referimos al mismo Dios del A.T. Entonces es correcto usar la expresión DIOS PADRE.
- Pero no es correcto usar la expresión DIOS HIJO (NO APARECE EN LA BIBLIA), LA EXPRESIÓN QUE APARECE ES **HIJO DE DIOS.**

Por ejemplo:

... Cuando fue tentado:

<< (Lucas 4:3) Entonces el diablo le dijo: Si eres Hijo de Dios, dí a esta piedra que se convierta en pan >>

...Ante el concilio

<< (Lucas 22:70) Dijeron todos: ¿Luego eres tú el Hijo de Dios? Y él les dijo: Vosotros decís que lo soy >>

...El mismo Jesús lo dijo predicando

<< (Juan 3:16) Porque de tal manera amó Dios al mundo, que ha dado a su Hijo unigénito, para que todo aquel que en él cree, no se pierda, mas tenga vida eterna >>

¿Qué piensan Muchos?

Que, al tratar a Jesús como Hijo, entonces en el cielo había varios (Padre, Hijo y Espíritu Santo) y que el Padre envió a su Hijo por eso se le llama (Hijo de Dios).

- Pero lo correcto es:

Que todo ser que nazca en la tierra es declarado hijo de Dios, porque nació por la voluntad de Dios. Es decir que el solo hecho de ser nacido hace que Jesús lleve el rotulo de Hijo de Dios.

Por otro lado, cuando en María se va a gestar el milagro en su vientre el Ángel Gabriel le aclara a José que el hijo que tendrá la mujer sería del Espíritu Santo (Mateo 1:20) y por eso mismo le dice la joven que debe ser llamado Hijo del Altísimo o Hijo de Dios (Lucas 1:26-33).

<< (Lucas 1:26) Al sexto mes el ángel Gabriel fue enviado por Dios a una ciudad de Galilea, llamada Nazaret,
(Lucas 1:27) a una virgen desposada con un varón que se llamaba José, de la casa de David; y el nombre de la virgen era María.
(Lucas 1:28) Y entrando el ángel en donde ella estaba, dijo: ¡Salve, muy favorecida! El Señor es contigo; bendita tú entre las mujeres.
(Lucas 1:29) Mas ella, cuando le vio, se turbó por sus palabras, y pensaba qué salutación sería esta.

(Lucas 1:30) Entonces el ángel le dijo: María, no temas, porque has hallado gracia delante de Dios.
(Lucas 1:31) Y ahora, concebirás en tu vientre, y darás a luz un hijo, y llamarás su nombre JESÚS.
(Lucas 1:32) Este será grande, y será llamado Hijo del Altísimo; y el Señor Dios le dará el trono de David su padre;
(Lucas 1:33) y reinará sobre la casa de Jacob para siempre, y su reino no tendrá fin >>

Esta afirmación que da el Ángel Gabriel a María no solo alude al hecho de ser nacido, sino también al hecho de ser del linaje del rey David. El día que Dios hace pacto con David, El Señor le hace una promesa la cual consiste en mantener su reinado para siempre a cambio de la obediencia de dicha descendencia, afirmando su reino para siempre.

Ese mismo día El Señor le dice a David que ese rey será para Dios, HIJO Y PARA DAVID, PADRE. Es decir que el Rey del linaje de David también se debería llamar Hijo de Dios por la profecía o la promesa que Dios le había hecho a David. Ver (2 Sam 7:12-14)

<< 2 Samuel 7:12 Y cuando tus días sean cumplidos, y duermas con tus padres, yo levantaré después de ti a uno de tu linaje, el cual procederá de tus entrañas, y afirmaré su reino.
2 Samuel 7:13 El edificará casa a mi nombre, y yo afirmaré para siempre el trono de su reino.
2 Samuel 7:14 Yo le seré a él padre, y él me será a mí hijo. Y si él hiciere mal, yo le castigaré con vara de hombres, y con azotes de hijos de hombres >>

El hecho de pensar de Dios sería para él padre, significa que Él (Jesús) lo llamaría Padre, humanamente hablando y para Dios él sería su Hijo.

... Además el Ángel sigue diciendo a María:

<< (Lucas 1:35) Respondiendo el ángel, le dijo: El Espíritu Santo vendrá sobre ti, y el poder del Altísimo te cubrirá con su sombra; por lo cual también el Santo Ser que nacerá, será llamado Hijo de Dios >>

La mayoría de las veces intento ser lo más grafico posible al momento de hablar de Unicidad. La Doctrina de los cielos dice que existen tres cielos (1er cielo: donde vuelan las aves; 2do cielo: donde están las estrellas; 3er cielo donde está la presencia de Dios, aclarando que Dios lo llena todo). Por un momento imaginemos que podemos ver los tres cielos y estamos en el principio de todo, en el momento en que todo empezó.

Para la doctrina trinitaria en el tercer cielo coexisten el Padre, el Hijo y el Espíritu Santo. Y en la misma doctrina se dice que el Padre envió a su Hijo a la tierra para salvar a la humanidad, es decir, envió la segunda persona de una supuesta trinidad para morir por nuestros pecados. Por esa misma razón los que creen esta doctrina dicen que Jesús debe ser llamado Hijo, y la única explicación que dan es ésta (porque era Hijo en el cielo). Incluso se usan algunos versículos para argumentar este pensamiento, como son:

<< Romanos 8:3 Porque lo que era imposible para la ley, por cuanto era débil por la carne, Dios, enviando a su Hijo en semejanza de carne de pecado y a causa del pecado, condenó al pecado en la carne >>

<< (Juan 3:16) Porque de tal manera amó Dios al mundo, que ha dado a su Hijo unigénito, para que todo aquel que en él cree, no se pierda, más tenga vida eterna >>

Haciendo un grafica de lo que piensa un trinitario común, el argumento se vería más o menos de la siguiente forma (aclaro que las cosas espirituales no son exactamente de esta manera, pero solo es una maqueta de pensamiento):

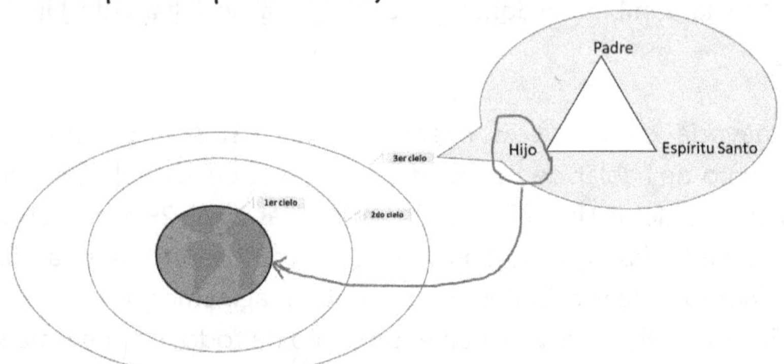

Figura 2. Esquema de pensamiento trinitario, En el tercer cielo el Padre envió a su Hijo para salvar a la Humanidad.

Para un trinitario está en la explicación más recurrente del porque Jesús es llamado Hijo. Sin embargo, esta afirmación es incorrecta. Acabamos de ver que Jesús es llamado Hijo por muchas razones, como son:

1. Porque es nacido
2. Porque es del linaje de David
3. Porque el termino Hijo de Dios habla de su humanidad

Por otra parte, si queremos entender quien estaba en el tercer cielo al principio de todo, cuando todo empezó debemos leer el evangelio según Juan. Casualmente este evangelio relata la historia de todo lo que sucedió al principio y quien estaba en ese momento.

<< Juan 1:1 En el principio era el Verbo, y el Verbo era con Dios, y el Verbo era Dios.

Juan 1:2 Este era en el principio con Dios >>

En termino Verbo, viene del griego logos que significa: algo dicho (incluido el pensamiento), también razonamiento (facultad mental) o motivo. Otros comentaristas lo relacionan con los sinónimos: palabra, plan o pensamiento.

Podemos por un momento agregar algunos sinónimos al versículo y así entenderlo un poco mejor, solo para fines pedagógicos. Diría asi:

Juan 1: 1-2

<< En el principio era el Pensamiento, y el Pensamiento era con Dios, y el Pensamiento era Dios.
Este era en el principio con Dios >>

Es decir que al principio de todo existía un Pensamiento, y ese Pensamiento era con Dios (lo tenía Dios en su mente) y ese Pensamiento era Dios (El plan que Dios tenía era Él mismo, es decir en el plan Dios se incluía a sí mismo). Por esa razón el pensamiento Unicitario es que al principio de todo en el tercer cielo NO había una división de dos o tres personas, solo había un Dios con un plan en mente, Un pensamiento en su mente, ese pensamiento es el que la versión Reina Valera llama "Verbo".

Ese pensamiento no se había materializado, de él solo existía un plano, en la mente de Dios. Ese plano era Cristo, Dios tenía en mente salvar a la Humanidad a través de un plan organizado desde antes de la fundación del mundo. Yo le llamo a ese Verbo la "Teoría" pero en "La práctica" no se había ejecutado. Sin embargo, llego ese día, cuando el Verbo se materializa, se hace Carne:

<< (Juan 1:14) Y aquel Verbo fue hecho carne, y habitó entre nosotros (y vimos su gloria, gloria como del unigénito del Padre), lleno de gracia y de verdad >>

Al hacerse carne el Verbo, el plan que tenía Dios se hace realidad, se hace tangible, se hace visible tanto que se puede ver su gloria, la gloria de Cristo.

He dicho todo lo anterior para aclarar que el Hijo de Dios no fue creado en el cielo, el termino Hijo de Dios se empieza a acuñar desde que el Plan o Pensamiento que tenía Dios en su mente desde la eternidad se hace carne o se manifiesta en carne. De ahí en adelante nace el Hijo de Dios, no Dios Hijo, sino Hijo de Dios.

Otro versículo que usualmente utiliza una persona que cree en la trinidad para argumentar que Jesús ya existía en el cielo como Hijo es aquel donde Jesús dice que él existía antes que Abraham (Juan 8:56-58)

<< Juan 8:56 Abraham vuestro padre se gozó de que había de ver mi día; y lo vio, y se gozó.

Juan 8:57 Entonces le dijeron los judíos: Aún no tienes cincuenta años, ¿y has visto a Abraham?

Juan 8:58 Jesús les dijo: De cierto, de cierto os digo: Antes que Abraham fuese, yo soy >>

Por lo regular se argumenta que en este pasaje Jesús está diciendo que él es mayor que Abraham en edad, y según algunos esto quiere decir que ya existía antes de la fundación de mundo en el cielo, en una supuesta trinidad. Sin embargo, la explicación correcta ante la declaración de Jesús "Antes que Abraham fuese, yo soy" es que Jesús ya existía antes que todas las cosas, pero existían en un Plan o Pensamiento. Es decir, Jesús existía en el cielo en forma de Pensamiento, como lo mencionamos anteriormente:

Juan 1: 1-2

<< En el principio era el Pensamiento, y el Pensamiento era con Dios, y el Pensamiento era Dios. Este era en el principio con Dios >>

Por esa razón podemos declarar muy confiadamente que Jesús existía antes que Abraham. Aunque para algunos parezca incorrecto que Dios hable de sí mismo como un Plan futuro para salvar la humanidad, pero hay que tener en cuenta que Dios llama las cosas que no son como si las fuesen (Romanos 4:17).

También hay que recordar que la promesa de salvación no era a través de otra persona de una supuesta trinidad, la promesa de salvación de Dios para la humanidad era una promesa donde el mismo Jehová vendría a salvarnos.

<< (Isaías 52:5) Y ahora ¿qué hago aquí, dice Jehová, ya que mi pueblo es llevado injustamente? Y los que en él se enseñorean, lo hacen aullar, dice Jehová, y continuamente es blasfemado mi nombre todo el día.
(Isaías 52:6) Por tanto, mi pueblo sabrá mi nombre por esta causa en aquel día; porque yo mismo que hablo, he aquí estaré presente >>

La expresión: ...porque yo mismo que hablo, he aquí estaré presente significa que el mismo Dios vendría a salvarnos, no enviaría a otro más a realizar la hazaña de salvar a la humanidad de todos sus pecados. Entonces el esquema correcto sería.

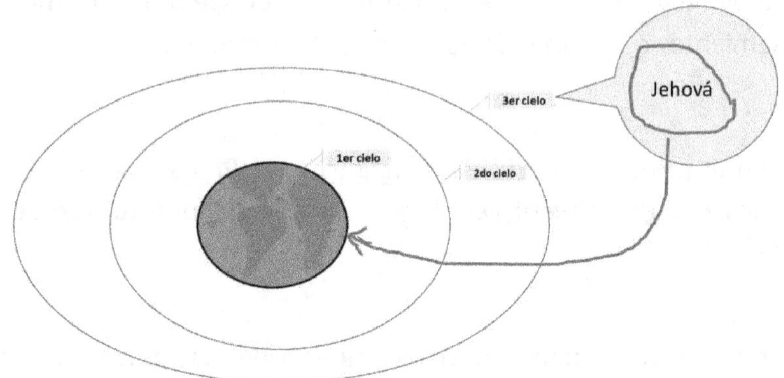

Figura 3. Esquema de pensamiento Unicitario, En el tercer cielo Jehová mismo vendría a salvar a la humanidad de sus pecados (Isaías 52:5-6).

Conclusión

Podemos afirmar que el termino Hijo habla de su la humanidad de Jesús. También podemos afirmar que no existe Dios Hijo (concepto trinitario), existe Hijo de Dios (Dios hecho humano).

Hijo de Dios puede referirse solamente a la naturaleza humana o puede referirse a Dios manifestado en carne—es decir, Deidad en la naturaleza humana.

Jesús no es Hijo porque en el cielo ya existía como Hijo antes de la creación, Jesús existía en el cielo como un <u>Plan o Pensamiento</u> que se hace carne (manifiesto) en un tiempo determinado, de ahí en adelante es que Jesús es el <u>Hijo de Dios</u> (Cuando el verbo o el Plan se hace carne o, mejor dicho: EL PLAN SE HACE HUMANO).

Base Bíblica

(Mateo 26:36) Entonces llegó Jesús con ellos a un lugar que se llama Getsemaní, y dijo a sus discípulos: Sentaos aquí, entre tanto que voy allí y oro.

(Mateo 26:41) Velad y orad, para que no entréis en tentación; el espíritu a la verdad está dispuesto, pero la carne es débil.

En esta ocasión quiero citar la enseñanza del pastor Fredy Delgado en su libro "Temas de unicidad", el escritor menciona textualmente:

"¿Indican las oraciones de Cristo que hay una distinción de personas entre Jesús y el Padre? No. Más bien, Sus oraciones indican una distinción entre el Hijo de Dios y Dios. Jesús oró en Su humanidad, no en Su deidad. Si las oraciones de Jesús demuestran que la naturaleza divina de Jesús es diferente que la del Padre, entonces Jesús es inferior al Padre en Su deidad. Es decir, si Jesús oró como Dios entonces Su posición en la Deidad sería de alguna manera inferior a las otras "personas." Este único ejemplo eficazmente destruye el concepto de una trinidad de personas coiguales".

"¿Cómo puede Dios orar y a la vez ser Dios? Por definición, Dios en Su omnipotencia no tiene ninguna necesidad de orar, y en Su unicidad, no tiene ningún otro ser a quién Él pueda orar. Si las oraciones de Jesús prueban que hay dos personas en la Deidad, entonces una de aquellas personas está subordinada a la otra y por lo tanto no es completa o verdaderamente Dios. ¿Cuál, entonces, es la explicación de las oraciones de Cristo? Solamente puede significar que la naturaleza humana de Jesús oró al Espíritu eterno de Dios. La naturaleza divina no necesitaba ayuda; solamente la naturaleza humana la necesitaba. Como Jesús dijo en el Huerto de Getsemaní, "El Espíritu a la verdad está dispuesto, pero la carne es débil" (Mateo 26:41). Hebreos 5:7 dice: Y Cristo, en los días de su carne, ofreciendo ruegos y súplicas con gran clamor y lágrimas al que le podía librar de la muerte, fue oído a causa de su temor reverente. Explica claramente que Jesús tenía necesidad de orar solamente durante "los días de su carne." Durante la oración en Getsemaní, la voluntad humana se sometió a la voluntad divina.

Por medio de la oración Su naturaleza humana aprendió a someterse y ser obediente al Espíritu de Dios: Filipenses 2:8 dice: y estando en la condición de hombre, se humilló a sí mismo, haciéndose obediente hasta la muerte, y muerte de cruz. Hebreos 5:7-8 dice: Cristo, en los días de su carne, ofreciendo ruegos y súplicas con gran clamor y lágrimas al que le podía librar de la muerte, fue oído a causa de su temor reverente. Y aunque era Hijo, por lo que padeció aprendió la obediencia. Esto no era una lucha entre dos voluntades divinas, sino una lucha entre la voluntad humana y la voluntad divina de Jesús.

Como hombre Jesús se sometió a, y recibió fuerza del Espíritu de Dios. Algunos pueden oponerse a esta explicación, afirmando que significa que Jesús oró a Sí mismo. Sin embargo, nosotros debemos darnos cuenta que Jesús tenía dos naturalezas perfectas y completas LA HUMANA Y LA DIVINA, de semejante de cualquier otro ser humano. Lo que sería absurdo o imposible para un hombre ordinario no es tan extraño para Jesús. No decimos que Jesús oró a Sí Mismo, porque eso implica incorrectamente que Jesús tenía solamente una naturaleza tal como los hombres ordinarios tienen. Al contrario, decimos que la naturaleza humana de Jesús oró al Espíritu divino de Jesús que moraba en el hombre.

La opción es sencilla. O Jesús como Dios oraba al Padre o Jesús como hombre oraba al Padre. Si el primero fuera la verdad, entonces tendríamos una forma de subordinacionismo o arianismo en los cuales una persona en la Deidad es inferior a, y no coigual con, una otra persona en la Deidad. Esto contradice el concepto bíblico de un solo Dios, la deidad completa de Jesús, y la omnipotencia de Dios. Si la segunda alternativa es correcta, y nosotros creemos que así es, entonces no existe ninguna distinción de personas en la Deidad. La única distinción es entre la humanidad y la divinidad, y no entre Dios y Dios.

Conclusión

Para concluir Jesús oró porque estaba "en los días de su carne" (Hebreos 5:7). Era humano y tenía que obedecer la Ley que dice: "Tu oyes la oración, a ti vendrá toda carne" (Salmos 65:2). El mismo dijo: "... nos conviene cumplir toda justicia" (Mt. 3:15). Cumpliendo esto "nos dejó ejemplo para que sigamos sus pisadas" (1 Pedro 2:21 dice: Pues para esto fuisteis llamados; porque también Cristo padeció por nosotros, dejándonos ejemplo, para que sigáis sus pisadas). Y si seguimos a Jesucristo, seguimos el camino de la verdad y la vida eterna Si seguimos a JESUCRISTO, seguimos al Padre (DIOS). Si conocemos a JESUCRISTO, conocemos a DIOS (porque él es Dios). Si vemos a Jesucristo, vemos a DIOS. Y el que ora a JESUCRISTO ora a Dios. Verifíquelo en san Juan 14:6 Y 7 dice: Jesús le dijo: Yo soy el camino, y la verdad, y la vida; nadie viene al Padre, sino por mí. Si me conocieseis, también a mi Padre conoceríais; y desde ahora le conocéis, y le habéis visto. Querido hermano y amigo si usted conoce a Jesús, tenga la plena seguridad que está conociendo al verdadero y único Dios".

Base Bíblica

(Mateo 16:15) El les dijo: Y vosotros, ¿quién decís que soy yo?

(Mateo 16:16) Respondiendo Simón Pedro, dijo: Tú eres el Cristo, el Hijo del Dios viviente.

(Mateo 16:17) Entonces le respondió Jesús: Bienaventurado eres, Simón, hijo de Jonás, porque no te lo reveló carne ni sangre, sino mi Padre que está en los cielos.

(Mateo 16:18) Y yo también te digo, que tú eres Pedro, y sobre esta roca edificaré mi iglesia; y las puertas del Hades no prevalecerán contra ella.

La primera vez que se menciona en la Biblia la palabra Iglesia es en Mateo 16:18. Algunos mencionan que aquí comienza la Iglesia, otros afirman que fue el día de Pentecostés, otros afirman que la Iglesia ya existía en la mente de Dios (Dios llama las cosas que no son como si las fueran). El hecho es que la Iglesia del Señor siempre ha existido y está caracterizada por la enseñanza que le dejo Jesús a sus Apóstoles. En este tema analizaremos la posición de la Iglesia del Señor en la Historia y veremos todo el desarrollo que tuvo la amada del Señor y las grandes victorias que Dios le dio a pesar de la persecución.

¿Dónde estaba la Iglesia del nombre de Jesús en hace 2000 años?

Respuesta. La Iglesia del nombre de Jesús no tiene 84 años como algunos piensan. La biblia y la Historia la ubican en todas partes del mundo, perseguida pero luchadora por llevar la verdad bíblica más grande de todas "Dios se manifestó en Carne 1 Tim 3:16"

- **Veamos un recorrido histórico de la Iglesia Primitiva y todo lo que ha pasado por llevar el nombre de Jesús.**

Los Creyentes Primitivos de la Unicidad: Fueron muchos los que creyeron en la Unicidad de Dios desde comienzos de siglo, entre estos tenemos.

a) **TEODOTO** el curtidor (defendió la Unicidad en el 90 d.C)
b) **NOETO** de Esmirna (180 a 200 d.C)
c) **SABELIO** de Pentápolis (215 d.C)
d) **PRAXEAS**, del Asia Menor (Finales de siglo II principios del III d.C)
e) **PABLO DE SAMOSATA** (200-273 d.C)

...Fue Obispo de Antioquia en el año 260 y depuesto de su cargo en 268 declarado hereje por la Iglesia Católica por creer en la unicidad de Dios.

Es conveniente hacer un breve resumen histórico de la Unicidad, su persecución y sobre todo sus grandes luchas de la mano de Dios por llevar el nombre de Jesús. A continuación, veremos algunos apartes importantes:

1) **(Año 304 d.C.)** Después de PABLO DE SAMOSATA surgen ATANASIO, IRENO, SAN AGUSTIN presentando en esencia la Unicidad de Dios.

...En esta época el emperador Diocleciano Mato a los cristianos del nombre de Jesús: Albán, Aaron y Julio en Pretana en la Iglesia Glasttonbury.

2) **(Año 350-400 d.C.)** Donato, tuvo 400 Iglesias con Obispos comprometidos con el nombre de Jesús (Plunt, p.127. Verdun, pp. 30, 258).

...Esto impacto a Iglesia Romana en el siglo III y en el siglo IV fue convocada a dos grandes concilios (Nicea y Constantinopla)

3) **(Año 390 d.C.)** El emperador TEODOSIO II mató a 7000 tesalonicenses del nombre de Jesús.

4) **(Año 431 d.C.)** Los Nestorianos (Una rama del Unitarismo) fueron de Petra a China (A.S. Atila, pag. 256-264) hasta el año 1700 la mayoría de ellos fueron monoteístas y usaban los principios de Hechos 2:38.

5) **(Año 900-1000 d.C.)** las denominaciones apostólicas del nombre de Jesús son llamadas "puritanos" la jerarquía católica decía: ELLOS AMENAZAN CON DESOLAR O ARRASTRAR EL CATOLICISMO (J. Laux, pp 350, 51).

6) **(Año 1100 d.C.)** surge Pedro Waldo (1104 - 1179) de Lion Francia. Fue el primero en devolver a Roma la doctrina de la Trinidad que no pudo encontrar en la Biblia (Blunt p.617). Lutero, Calvino, Zwinglio, Wycliff, Menno siguieron el ejemplo de Waldo.

7) **(Año 1200 d.C.)** Vino la inquisición como un plan o sistema contra judíos y cristianos apostólicos.

8) **(Año 1500 d.C.)** En Francia y Hungría surgen prominentes figuras como: Miguel de Servet y Fausto Sozzini, quienes fueron perseguidos por la Iglesia Católica por su postura Unicitaria.

Miguel de Servet

"1511-1553" (Medico Humanista español descubridor de la circulación pulmonar de la sangre).

Autor de libro "Chistianismi Restitutio, Delrinitatis Erroribus" (Obra maestra donde se contradecía Bíblicamente la doctrina de la Trinidad, la predestinación, el Bautismo de niños, sobre todo se hacía hincapié en la Inmersión).

Los editores de Basilea no quisieron publicarlo.

Por lo tanto, viajo a Estamburgo para que en Viena lo imprimiera Baltasar Arnollet.

La inquisición Romana ordena su captura y enjuiciamiento inmediato.

Es capturado en Lion, y logra escapar, pero Calvino lo captura y es condenado a muerte en una hoguera el 27 de Octubre del 1553 como hereje.

Su libro fue decomisado y quemado, pero gracias a Dios quedaron tres ejemplares en la Biblioteca de Paris, la de Viena y en la de Edimburgo.

La Historia registra que, desde Francia, Hungria, Italia, Venecia y España aun en fechas recientes (1981) hay desarrolladas convicciones antitrinitarias que se atribuyen a los escritos de Servet.

Pero en medio de toda la persecución, LA HOGUERA NO PUDO APAGAR LA REVELACIÓN DEL NOMBRE DE JESÚS...

La Iglesia ha sido perseguida de muchas maneras desde la antigüedad por los que tienen poder religioso y político.

Pero antes que todo esto aconteciera **Jesús había dicho:**

...sobre esta roca (CRISTO) edificaré mi iglesia; y las puertas del Hades no prevalecerán contra ella.

Apocalipsis lo afirma:
(Apocalipsis 14:13) Oí una voz que desde el cielo me decía: Escribe: Bienaventurados de aquí en adelante los muertos que mueren en el Señor. Sí, dice el Espíritu, descansarán de sus trabajos, porque sus obras con ellos siguen.

9) **(Año 1550 d.C.)** Crecen en número los llamados Unitarios y formulan su "Declaración de creencias"

10) **(Año 1568 d.C.)** Los antitrinitarios encuentran seguidores en la Universidad Wittemberg. El príncipe de Transilvania concede derechos iguales a: católicos, reformados y Unitarios (Así llamados por primera vez).

11) **(Año 1700 d.C.)** El prominente filósofo y escritor religioso Samuel Swedenborg defiende la Unicidad de Dios de la siguiente manera.

<<Cualquiera que no se acerque al Dios del cielo y de la tierra, no pude entrar al cielo, porque el cielo es del único Dios, ese Dios es Jesucristo, Creador a la vez que Redentor...que es Padre, Hijo y Espíritu Santo>>

12) **(Año 1815 d.C.)** Las congregaciones de Nueva Inglaterra abrazan el Unitarismo, lo que impulsa a que se organice la Asociación Unitaria Americana.

De aquí en adelante se destacan:
Teofilo Lindsay (1723-1808)

Jose Pristly (1733-1804)
Guillermo Ellery Caaning (1780-1842) Universidad de Harvard
Jaime Mertineau (1805-1900)

Por estas razones debemos tener hoy más que nunca nuestras convicciones sólidas, y entender que somos el resultado de un milagro grande de Dios, para revelar su nombre a un pueblo que no lo merecía, solo por su gracia y misericordia. Esta verdad el enemigo no ha querido que sea revelada al mundo, es más el verdadero anticristo se conoce porque no quiere aceptar quien es Jesús, y su trabajo principal es hacer que muchos no identifiquen la verdadera esencia de Cristo, así lo dice primera de Juan.

(1 Juan 2:20) Pero vosotros tenéis la unción del Santo, y conocéis todas las cosas.
(1 Juan 2:21) No os he escrito como si ignoraseis la verdad, sino porque la conocéis, y porque ninguna mentira procede de la verdad.
(1 Juan 2:22) ¿Quién es el mentiroso, sino el que niega que Jesús es el Cristo? Este es anticristo, el que niega al Padre y al Hijo.
(1 Juan 2:23) Todo aquel que niega al Hijo, tampoco tiene al Padre. El que confiesa al Hijo, tiene también al Padre.

¡El anticristo niega a Jesús como Padre y también como Hijo, y su objetivo es pregonar esta mentira a las mentes de los hombres!, pero no hay verdad más grande en todo el Universo.

¡EL QUE TIENE AL HIJO, TIENE AL PADRE! ¿Y POR QUE?

PORQUE JESUS ES EL HIJO Y TAMBIÉN EL PADRE...

Video Recomendado: Lo que la Hoguera No pudo apagar. Juan Gabriel Sanchez

Puedes verlo en: https://m.youtube.com/watch?v=Zr3BRZphLY0

Tema 20: Preguntas más comunes sobre la Trinidad y/o Unicidad

Base Bíblica

(Efesios 4:5) un Señor, una fe, un bautismo

Para finalizar las temáticas de Unicidad quise tomar una información muy importante del libro "Especial para el evangelista y el líder de Células" de escritor Luis Fernando Hernández. En el cual se resuelven algunas preguntas de forma resumida sobre las inquietudes más comunes en la doctrina de la Trinidad.

1) ¿Quién Es El Padre?

Jesús dijo: "Si me conocieses, también a mi Padre conoceríais, y desde ahora le conocéis y le habéis visto" (Jn. 14:7). "El que me ha visto a mí ha visto el Padre" (Jn. 14:9); "Yo y el Padre uno somos" (Jn. 10:30). Jesús dijo "No os dejaré huérfanos" (Jn. 14:18). Solo un padre podría dejar hijos huérfanos, pero El dijo que no nos dejaría huérfanos. Isaías también dijo refiriéndose al Cristo, que es el Padre Eterno (Is. 9:6).

2) ¿Se Muestra la Trinidad en el Bautismo de Jesús?

Al bautizarse Jesús descendió el Espíritu Santo en forma corporal como de paloma y se oyó una voz del cielo que dijo: "Este es mi Hijo amado, en quien tengo complacencia" (Mt. 3:16-17). La paloma fue una señal simbólica que solo vio Juan el Bautista para saber quién era el Cristo (Jn. 1:32,33); Juan no vio el Espíritu, porque un espíritu no se puede ver, vio algo descender como paloma que simbolizaba el Espíritu Santo. La voz del cielo no era otra persona, Jesús es el Dios Omnipotente que está en todos lugares (Mt. 18:20). Dt. 4:39 dice: "...Jehová es Dios arriba en el cielo y abajo en la tierra y no hay otro". Además, Jesús cuando estaba en la tierra dijo: "Nadie subió al cielo, sino el que descendió del cielo; el Hijo del Hombre, que está en el cielo"; así que como hombre estaba en la tierra haciéndose bautizar por Juan y como Dios estaba en el cielo y en todas partes.

3) ¿Cuantos Bautismos Hay?
Ef. 4:5 dice que solo hay "Un bautismo" válido para Dios.

4) ¿A Quién Obedecemos el Mandamiento del bautismo, a Jesús (Mt. 28:19) o a Pedro (Hch.2:38)?
Ambos textos están en la Biblia y fueron escritos por hombres inspirados por Dios (2 Ti. 3:16; 2 P. 1:21). Jesús mismo les dijo a sus discípulos: "Y vosotros daréis testimonio también, porque habéis estado conmigo desde el principio" (Jn. 15:27). El que obedece las palabras escritas en la Biblia, obedece a Dios! (Jn.17:20; Mt. 10:40; Ef. 2:20; Mt.16:19; Ap.22:18-19). Pedro estaba obedeciendo a Jesús porqué Mt.28:19 es el mandamiento y Hch.2:38 es el cumplimiento.

5) ¿Si ya soy bautizado porque tengo que bautizarme nuevamente?
El apóstol Pablo rebautizaba a personas que no eran bautizadas en el nombre de Jesús, porque él bautismo que ellos tenían ya no era válido: Hch. 19:1-6.

6) ¿Existe algún registro en la Biblia de alguien que haya sido bautizado en el nombre del Padre, del Hijo y del Espíritu Santo?
No. Mt. 28:19 es la única parte donde se menciona como la gran comisión de Jesús, no como el acto mismo del bautismo; la forma como les fue revelado a los Apóstoles se cumple en Hch.2:38

7) ¿Está en la Biblia la palabra trinidad?
No. Esta palabra solo aparece en la historia del siglo IV d.C. como doctrina de un Dios trino formulada por la Iglesia Católica.

8) ¿Dice la Biblia que hay tres personas en la Divinidad?
No.

9) ¿Significan estos títulos utilizados en Mateo 28:19 (Padre, Hijo y Espíritu Santo) que hay tres personas separadas y distintas en la Divinidad?

No. Se refieren a tres distintas manifestaciones, oficios, roles, o relación de Dios hacia la humanidad. (1 Ti. 3:16; He. 1:1; Jn. 1:14)

10) ¿Es Jesús el verdadero Dios?
Sí. 1 Jn.5:20.

11) ¿Utiliza la Biblia la palabra tres para hacer referencia a Dios?
Solamente un versículo en toda la Biblia lo hace, 1 Jn.5:7. Habla del Padre, del Verbo (en lugar de Hijo), y del Espíritu Santo, y concluye diciendo, "Estos tres son uno." Es de aclarar que este versículo es espurio, es decir que no se encuentra en la mayoría de los manuscritos. Algunas nuevas versiones de la Biblia no lo incluyen como p.e. la Biblia Dios Habla Hoy.

12) ¿Utiliza la Biblia la palabra UNO para hacer referencia a Dios?
Sí, muchas veces. Por ejemplo, ver: Zac. 14:9; Mal. 2:10; Mt. 23:9; Mr. 12:29, 32; Jn.8:41; 10:30; Ro. 3:30; 1 Co. 8:4; Gá.3:20; 1 Ti. 2:5; Stg. 2:19.

13) ¿Puede el misterio de la Divinidad ser entendido?
Sí. Ro. 1:20; Col. 2:9; 1 Ti. 3:16.

14) ¿Tiene el cristiano un solo Padre Celestial?
Sí. Mal. 2:10; Mt. 23:9; Ef. 4:6

15) Entonces, ¿por qué Jesús le dijo a Felipe, "El que me ha visto a mi, ha visto al Padre" (Jn.14:9)?
Porque Jesús es la misma expresión de la imagen de Dios. He. 1:3. Jesús y el Padre es el mismo, es uno solo (Jn. 10:30; Is. 9:6)

16) ¿Dice la Biblia que la plenitud de la Divinidad es revelada en una persona?
Sí, en Jesucristo. 1 Co. 4:4; Col. 1:19; 2:9; He. 1:3.

17) ¿Está escondido el misterio de la Deidad para algunas personas?
Sí. Lucas 10:21-22.

18) ¿Dónde estaba Dios mientras Jesús estaba en la tierra?

El Padre estaba en Cristo. Jn.14:10; 1 Co. 5:19. El también estaba en el cielo, porque Dios es omnipresente.

19) ¿Dijo el profeta Isaías que Jesús sería el Padre?
Sí. Is. 9:6; 63:16.

20) ¿Cuántas cualidades de Dios estaban en Cristo?
Todas. Col. 2:9.

21) ¿Cómo podemos ver al Dios que envió a Jesús a la tierra?
Viendo a Jesús. Jn.12: 44-45; 14:9.

22) ¿Dice la Biblia que el Padre es la primera persona de la Trinidad, el Hijo la segunda y el Espíritu Santo la tercera?
No. Jesús dijo que El mismo es el primero y el último. Ap. 1:17-18

23) ¿Cuántas personas vio Juan en el cielo sentadas sobre el trono?
Una. Ap. 4:2.

24) Si Jesús es el primero y el último, ¿Entonces por qué dijo Dios en Is. 44:6 que Él era el primero y el último?
Porque Jesús es el Dios del Antiguo Testamento encarnado.

25) ¿Cree el diablo en más de un Dios?
No. Stg. 2:19.

26) ¿Dice la Biblia que Dios se hizo carne?
Sí. Jn.1:1, 14; 1 Ti. 3:16; He. 2:14

27) ¿Dice la Biblia que Jesucristo es el Señor?
Sí. Lucas 2:11; Fil. 2: 11 ; Ro. 10:9; 1 Co. 12:3

28) ¿Cuántos nombres tiene el Señor?
Uno. Zac. 14:9.

29) ¿Dice la Biblia que solo Dios anda sobre las olas del mar?
Sí. Job 9:8

30) Entonces, ¿Por qué Jesús era capaz de caminar sobre el Mar de Galilea (Mt. 14:25)?

Porque Él es el Dios Creador. Col. 1:16.

Canción Recomendada: El verdadero nombre de Dios. Autor: Pedro Osorio

Puedes escucharla en:

https://m.youtube.com/watch?v=eQT695d5T0s

Letra:

Si usted le pregunta a la gente
Cuantos dioses hay, cuantos dioses hay
Ellos fácilmente responden
Dios es uno solo, Dios es uno solo
Y no están diciendo mentiras,
Porque es la verdad, porque es la verdad

//Pero así como es uno solo
Tiene un solo nombre que hay que predicar//

Muchos dicen que Dios se llama Jehová
Otros dicen que Dios se llama Yahvé
Pero el verdadero nombre de Jehová
El verdadero es Jesús de Nazaret

Otros dicen que está dividido en tres
Pero la Biblia muestra es a un solo Dios
Y al que muestra es a Jesús de Nazaret
El mismo que en el calvario nos compró

Prediquemos que Jesús de Nazaret
Es el verdadero nombre de Dios
Fue molido, escarnecido si lo fue
Derramó su sangre para darnos perdón

Antes de mí no ha sido formado dios
Lo dice el señor, ni antes ni después
Aquel verbo un día de carne se vistió
Y su verdadero nombre es Jesús de Nazaret

Mi Dios Miró desde los cielos
Buscando algún hombre que hiciera lo bueno
Y todos se habían descarriado
Dijo, no hay ni uno que practique el bien

La obra más linda de su mano
Era de un tirano que estaba en manos de él
//Y Dios desde el cielo más alto
Dijo yo mismo iré y os salvaré//

Vino Dios y en carne se manifestó
Y escogió a María para poder nacer
Como él es espíritu un cuerpo tomó
Y el que nació fue Jesús de Nazaret

Isaías capítulo 52, del versículo primero hasta el seis
Por tanto mi pueblo así lo dice Dios
A ellos voy a dar mi nombre a conocer
Como Dios no miente, prometió y cumplió
En su nombre vino, a nadie mandó
Es por revelación que testifico
De que Jesucristo es el nombre de Dios

Antes de mí no ha sido formado dios
Lo dice el señor, ni antes ni después
Aquel verbo un día de carne se vistió
Y su verdadero nombre es Jesús de Nazaret

REFERENCIAS

- Comentario De La Biblia Del Diario Vivir. Biblia del Diario Vivir. 1997 por Editorial Caribe. Usada con permiso. Derechos Reservados. Derechos Internacionales Registrados. Publicada por Editorial Caribe
- Comentario de la Biblia de Matthew Henry. Publicado por Editorial Unilit Miami, Fl. 33172. Primera edición 1999. Traducido al español por: Nellyda Pablovsky. Corrección de estilo: Rev. Pedro Vega. Cubierta diseñada por: Alicia Mejías. Producto 496632 ISBN 0-7899-0540-X
- DICCIONARIO BÍBLICO MUNDO HISPANO. © Copyright © 1994 Editorial Mundo Hispano, 7000 Alabama St., El Paso, Texas 79904, Estados Unidos de América.
- Especial para el evangelista y líder de Células. Luis Fernando Hernández, 2009.
- La Unicidad de Dios. David K. Bernard. Traducción por: Robert L. Nix, Keith Nix, Kelly Nix. SERIE SOBRE LA TEOLOGÍA PENTECOSTAL TOMO 1. Printing History: 2000. ISBN 1-56722-186-6.
- Temas de Unicidad para las reuniones en casa. Pastor Fredy Delgado. 2017.

www.ingramcontent.com/pod-product-compliance
Lightning Source LLC
LaVergne TN
LVHW050559160826
845677LV00011B/2368

* 9 7 8 9 5 8 4 9 6 6 1 9 3 *